정치사회학

Elisabeth S. Clemens 지음
박기덕 옮김

지식과 문화

정치사회학

제1쇄 펴낸 날 2019년 8월 20일

지은이 Elisabeth S. Clemens
옮긴이 박기덕
펴낸이 박선영
주 간 김계동
디자인 전수연
교 정 김유원

펴낸곳 명인문화사
등 록 제2005-77호(2005.11.10)
주 소 서울시 송파구 백제고분로 36가길 15 미주빌딩 202호
이메일 myunginbooks@hanmail.net
전 화 02)416-3059
팩 스 02)417-3095
ISBN 979-11-6193-020-6
가 격 12,000원

ⓒ 명인문화사
이 도서의 국립중앙도서관 출판예정도서목록(CIP)은 서지정보유통지원시스템 홈페이지(http://seoji.nl.go.kr)와 국가자료종합목록 구축시스템(http://kolis-net.nl.go.kr)에서 이용하실 수 있습니다. (CIP제어번호 : CIP2019028465)

What is Political Sociology?
Elisabeth S. Clemens

This edition is published by arrangement with Polity Press Ltd., Cambridge.
Original Copyright ⓒ 2016.

Korean edition ⓒ 2019 Myung In Publishers.

정치사회학

Elisabeth S. Clemens 지음

박기덕 옮김

목차

한국어판 저자 서문	vii
역자 서문	x

서론   1

1장 권력과 정치   8
  권력의 이해   11
  '사회적 우리'와 '사회적 봉쇄'   15
  권력의 차원   24
  이탈, 항의 그리고 충성   27
  정치질서에서 '정치'로   30
  정치사회학이란 무엇인가?   36

2장 국가, 제국, 민족국가   38
  직접통치와 간접통치   42

문화와 권력 공고화: 관용과 민족주의	46
현대 민족국가 건설	51
전쟁, 무역, 해방에 의한 형성	56
정치와 사회변동 경로	64

3장 체제와 혁명   67
결합과 순차	69
체제변화로서의 혁명	74
전체주의의 길	86

4장 민주정치에서 항의와 투표   95
사회학적 투표모델	98
정치사회화와 시민의 구성	104
조직 레퍼토리	111
선거인 구성: 정치참여에 대한 제도적인 제한	114
합리적 무관심	123

5장 국가의 재소환   129
국가의 재소환	131
국가자율성 및 국가능력의 다양성	136
사욕과 불만의 인식에 대한 정책피드백	143
티파티 수수께끼	147
정책피드백과 정당정치	151

정책피드백과 조직국가 156
정치를 만드는 정책 그리고 그 정책을 만드는 정치:
복지국가사회학 159
정치사회학의 제도분석 162

6장 사회운동과 사회변화 165
참여로의 동원 170
조직 레퍼토리 178
논쟁정치와 제도정치 간의 상호작용 183
사회운동과 변화궤적 190

7장 초국가주의와 정치질서의 미래(들) 193
세계사회와 국가건설 195
초국가적 문제에 대한 민주주의적 대응 198
국경을 넘는 동원 201
세계사회에서 세계정치체로 204
민주주의에 대한 도전으로서 초국가적 문제 208

참고문헌 213
찾아보기 227
역자 소개 232

한국어판 저자 서문

사회과학은 사회변동을 이해하기 위한 여러 가지 노력에서 탄생하였다. 정치이론가, 사회철학자, 정치경제학자들은 산업화, 도시화, 혁명에 대한 논쟁에 참여하며 비교 역사적인 방식을 통해 사고해 왔다. 일부 이론가들은 영국과 프랑스처럼 서로 이웃하고 있는 나라들을 대조하였다. 또 어떤 이론가들은 사회적 삶의 초기 형태라고 상상했던 것들의 모델들을 정교화했고, 반면에 다른 이론가들은 야심찬 유럽의 제국들에 의해 식민지가 되었던 고대 그리스 로마, 고대 유대교, 남아시아, 중국 및 기타 사회에 대한 역사연구를 급격하게 확대해왔다. 물론 이러한 원천적인 연구들은, 현재 학자들이 제대로 비판하고 있듯이, 그들의 시대에 대한 이해와 한계를 모두 갖고 있다. 그러나 다양성과 변동은 이 모든 이론가들이 이론적 모델을 발전시키도록 질문을 하고 자료를 제공했다.

현대 사회학은 그 세부적인 사항에서는 매우 다르더라도, 사회적인 변동과 정치적인 변동의 정도가 유사한 순간과 마주하고 있다. 한 가지 중요한 차이점은 정치적인 것이다. 19세기의 세계는 점점 더 제한된 수의 정치 형태들 — 주로 민족국가이지만 또한 근대 제국 — 의 지배를 받았다. 오늘날 정치사회학자들은 네트워크화된 정치체, 이민자들과 난민들의 디아스포라, 국가와 같은 방식으로 행동하는 기업, 공식 정부조직뿐만 아니라 초국가적 결사체까지도 포함하는 다양한 비국가행위자들도 고려해야 한다. 서유럽의 관점에 안주하기보다는 전 세계의 사회적 경험을 통해 알려진 것들을 분석함에 따라, 변동을 이해하기 위한 우리들의 노력도 다양한 장소를 다루게 되었다. 그러나 어떤 사회적, 물리적 공간에 있든지 간에, 우리는 앞에서 말한 것과 같이 비교와 역사와 분석을 잘 결합하는 데서 지적인 자원들을 발견할 수 있다. 이 책은 다양한 사례들, 여러 가지 과거, 현재의 정치 등 전반에 걸쳐서 대화를 도출할 수 있게 하는 이론적인 도구를 제시해 준다.

이를 위해 나의 영문 저서를 아주 훌륭하게 번역해 주신 박기덕 소장님과 한글번역본을 원문과 대조하여 정성껏 읽어준 조홍진님에게 깊은 감사를 표한다. 도전과 변동의 시기에 정치적 삶에 대해서 내가 창의적으로 생각하도록 계속해서 도전하는 많은 학생들에게도 깊은 감사를 표한다.

엘리자베스 S. 클레멘스
시카고대학교
2019년 8월

역자 서문

 이 책은 정치란 무엇이고, 어떻게 발생되며, 작동하는가를 논의한 정치사회학의 입문서다. 그리고 정치현상이 나타났다고 상정되는 시점에서부터 시작하여 현재 상황에 대한 분석을 거쳐 미래 정치까지도 조망한다. 그런 의미에서 정치현상을 이해하는 데 필요한 기본 지식과 통찰력을 제공하는 이론서다.

 이 책은 7개의 장으로 구성되는데, 각 장별 내용 요약은 저자가 쓴 '서론'에 나와 있으니 참고할 수 있다. 저자는 일반 정치학과 정치사회학의 가장 큰 차이를 분석 대상이 다르다는 점에서 찾는다. 전자가 주로 공식 정치제도 및 그와 직·간접적으로 관련된 각종 정치현상을 분석하는 데 비해, 후자는 사회관계와 사회의 특성이 정치권력, 정치제도 및 정책으로 연결되는 보다 구조적인 차원을 다룬다고 본다. 이런 관점에서 출발했기 때문에, 공식 정치제도나 정치기구 외에도 정치참여와 정치권력 분배 양상과 방식 그리고 다양한 사회환경에서 발생하는 정치에 대한 이해를 깊게 하는 데 일반 정치학서적보다 더 근본적인 사항에서부터 출발한 책이라고 할 수 있다.

기본적인 입문서라고 해서 정치(사회)학 초심자들이나 읽을 책이라는 말은 전혀 아니다. 정치구조와 현상의 근원을 이해시키고 그들에 대한 사회학적 통찰력을 심화시키기 위한 것이기 때문에 정치학의 거의 모든 분야에 대한 교육과 연구를 시작하는 데 출발점으로 사용할 수 있는 이론서다. 심지어 본능적으로 권력관계를 느끼고 실천하는 정치인들이나 관료들이 그 연원과 이론적인 배경을 이해하는 데도 큰 도움을 줄 수 있는 책이라고 본다.

이 책을 번역하는 데 역자가 선택한 두 가지의 특징을 미리 밝혀두고자 한다. 첫째, '사회적 우리'와 '사회적 봉쇄'는 항상 작은따옴표로 묶어 오독을 피하도록 표기했다. 둘째, 일상의 우리말에서 거의 항상 '~을 동원하다'는 식의 타동사로 쓰이는 mobilize라는 단어가 영문에서는 '어떤 목적을 달성키 위해 사람이나 물건을 집중시키다'는 의미의 자동사로 쓰이는 경우가 많다. 이 책에서도 대부분 그런 의미의 자동사로 쓰였기 때문에 그대로 목적어 없이 '동원하다'로 번역하였다.

저자의 역작을 번역하는 중에 본의 아니게 잘못 이해하고 번역하거나 서툰 우리말로 번역한 경우도 있으리라 생각된다. 독자들께서 읽으시는 중에 보다 좋은 표현방식이 생각나거나 오류가 보이면 기탄없이 질책하고 충고해주시기 바란다.

이렇게 기본적이면서 심오한 이론서가 좁게는 한국의 정치사회학, 나아가 한국 사회과학의 발전, 교육 및 연구에 기여할 것이라고 기대하며, 모든 관계자들의 도움과 협조에 감사드린다.

2019년 8월
박기덕

서론

전체 정치학 분야들 중 정치사회학의 특징은 무엇인가? 하버드, 텍사스대학, 조지타운, 런던경제대학 등에 근무하는 많은 정치학자들이 사실은 '**정부학과**(department of *government*)'라는 명칭을 가진 학과에서 가르치고 있다는 사실에서 한 가지 단서를 찾을 수 있다. 정치학과 정치사회학 사이에 확실한 경계가 없지만, 정치학은 전형적으로 공식 제도와 정부의 '통할행위'에(역자해설 0.1 참조) 초점을 맞춘다. 반면에 정치사회학은 시야를 넓혀 사회적 관계와 특성이 정치참여와 정치권력 분배 양태를 형성하는 방식뿐만 아니라 가정, 직장, 시민결사체 등 여타 사회환경에서 일어나는 정치를 탐구한다. 계급, 성별, 민족 및 인종, 교육 또는 종교에 따라 사람들이 어떻게 다르게 투표하는가? 어떤 종류의 사람들이 정치권력

> **역자해설 0.1**
>
> 원문의 acts of governing을 통상 '통치행위'라고 번역하지만, (특히 민주주의체제) 정부는 국민을 통치하는 것이 아니고 국민의 복지를 위해 국정을 운영하는 기관이기 때문에 그런 번역은 적합하지 않다고 생각하여, 역자는 이를 '통할행위'라고 번역한다. 헌법학에서 act of government 또는 act of states가 국가적 이해를 직접 대상으로 하는 고도의 정치성을 띤 국가행위를 말하는 것으로서 쟁송의 대상으로 하기에는 부적당하여 사법적 심사의 대상에서 배제되기 때문에 '통치행위'라고 칭하는 것이 일견 수긍되기도 하지만, 그것도 민주주의체제에서는 부적합한 용어여서 다른 용어가 필요하다고 생각하여, 역자가 용어의 변화를 위한 조그만 운동을 새롭게 시작한다.

을 행사할 가능성이 가장 크고, 그들의 목표는 무엇인가?

이처럼 연구대상이 광범위하다는 사실은 사회생활 영역 안이나 영역 사이에 정착된 관계와 대비되는 특정한 정치적 — 또는 보다 정확히 말하자면 '정치화된'(Fraser 1990: 204) — 감각을 통해서 알 수 있다. 이미 관례화된 일상사, 당연시되는 목표, 또는 인정된 권위관계가 정착되지 못한 채 논란의 대상이 되고 있을 때, 직장이나 가정 안에서 정치현상이 발생할 수 있다. 정치는 사회생활 영역들 사이에서도 발생할 수 있다. 아내들이 봉급 노동자가 되었을 때, 급여는 직장에 인정된 노동자들의 자기 노동 소유권 관련 규칙에 따라 받게 될 것인가, 아니면 남편이 아내 재산 대부분에 대한 관할권을 주장하던 19세기의 가정생활 규범에 따라 지급받을 것인가라는 문제가 제기되었을 때처럼 말이다. 특히 강력한 정치형태는 기존 정치제도의 경계에서 발생하는데, 이는 이익분배에서 배제된 사람들이 그에 대한 접근권을 획득하려 하고 기득권자들은 자기 이익을 지키려하기 때문이다. 사회학자들이 볼 때, 정치는 사람들이 전기와 역사 사이 또는 개인문제와 공공이슈 사이의 연관성을 파악하는 환경에서라면 어느 곳에서나 일어난다. 이 연관성은 밀스(C. Wright Mills)가 '사회학적 상상력(sociological imagination)'의 핵심이라고 이해했던 그 연관성을 말한다 (Mills 1959: 6). 이처럼 광의의 사회학적 의미에서 볼 때, 궁극적으로 정치는 공식으로 '정치적인 것'이라고 지정되고 또 법정, 의회 및 선거처럼 법률, 정책 및 분배 같은 중요한 문제들이 결정되는 장이라고 인정된 제도 안에서 일어날 수 있다.

그러나 종종 흰 대리석건물이나 당당한 공공단지 안에 들어 있는 것으로 인식되는 정치제도 역시 사회학적 분석의 대상이 된다. 그런 제도들은 정치이론가나 헌법제정자들이 설계한 대로 완벽하게 구현된 것이 아니라, 사회관계체계와 문화이해체계를 통해서 구축된 것이며, 때로는 사회생활의 다른 영역에서 도입되기도 한다. 결과적으로, 정치사회학은 단순히 정치제도가 어떻게 운영되고 있는가를 묻는 것이 아니라,

어떻게 만들어지고, 어떤 결과를 도출하며, 의미 있는 변화와 변혁을 위해 어떤 잠재력을 가지고 있는지를 묻는 것이다.

이런 질문들이 광범위한 정치사회학 의제를 설정하기 때문에, 일련의 기본개념과 분석방법을 확립하는 것부터 시작하는 것이 좋을 것이다. 1장에서는 이 과제를 수행하기 위해서 '사회적 우리'에 가둠(social caging)과 '사회적 봉쇄(social closure)'의 동학이 직접통치와 간접통치 간의 차이뿐만 아니라 국가의 출현 같은 문제들을 생각하는 데 어떤 도움을 주는가를 탐구한다. 여러 사회네트워크들이 다양하게 결합하여 특정 정치제도들이 나오는 것처럼, 상이한 정치행위 틀들도 그렇게 출현한다. 이 정치행위의 틀들은 각 개인들이 참여할 것인가, 권위에 묵종할 것인가 또는 반대세력을 동원할 것인가를 결정하는 조건을 설정해준다. 이런 모든 결정의 결과가 정치적 자아, 이익 그리고 이념을 형성하고, 그에 따라 다음 단계의 정치행위를 구성하는 법률, 정책 및 관행에 구체화된다.

직접통치와 간접통치라는 통치형태의 차이가 세계 정치사의 대부분을 차지해온 두 가지의 정치형태, 즉 제국(empire)과 민족국가(nation-state) 사이에 존재하는 중요한 차이점을 보여준다. 2장에서 상술한 바와 같이, 이 두 가지 정치질서의 차이는 왜 국가가 여러 가지 형태를 취하는가라는 의문을 제기한다. 문화적 정체성은 경우에 따라 정치질서와 합치하기도 하고 그렇지 않기도 한다. 제국과 민족국가를 구분하는 데 있어 '인민(people)'으로서의 정체성 공유가 중요하다는 점에 초점을 맞추는 이 분석은 믿음, 규율의 실천, 그리고 중앙집권적인 통치에 다소 민감할 수 있는 정치대상의 구성 등의 형태를 통해 문화가 민족국가 내에서 어떻게 작동하는가를 보여준다.

정치변혁들 중에서 어떤 것들은 초국가체제 혹은 제국주의 체제 내부의 긴장관계에 의해 발생하고, 다른 것들은 상대적으로 제한된 정치질서 내부의 지배, 배제, 착취의 관계에 의해 촉진된다. 3장에서는 무어(Barrington Moore: 1966)가 제기했던 무엇이 국가를 민주주의나 독재체제로 가게 했는가와 같은 문제와 혁명사회학(sociology of revolution)에 초점을 맞춰 정치변화의 동학을 논의한다. 정치체제로 연결되는 두 가지 경로 중 첫째 경로인 민주정치에 대해 폭넓게 논의하기 전에, 이 장은 사회관계 및 조직형태 체제로서의 전체주의를 고찰하는 것으로 끝을 맺는다.

4장과 5장에서는 논의 범위를 확실하게 축소하여, 현대 민주정치 내부의 정치동학으로 초점을 옮길 것이다. 정치사회학자들은 민주적 참여와 '민주주의국가'라는 문제를 두 가지의 상반된 방향에서 접근해 왔다. 정치사회화와 정치참여에 대한 연구는, 종국적인 결과가 다수 시민들의 선호, 결정 및 행위의 종합이라고 이해하기 위해서, '개인(individual)'에서부터 시작하는 경향이 있다. 4장에서는 이러한 논의들을 검토하여, 사회적인 맥락과 관계가 어떻게 개인적인 행위를 '투입(input)'으로 그리고 정책을 '산출(output)'로 보는 '상향식'

모델로 통합되는지를 탐구한다. 그다음 5장은 관점을 바꾸어 '국가'의 성격과 조직부터 논의하기 시작한다. 다양한 '국가와 사회' 관계가 '정책이 정치형태를 결정하는' 방식을 탐구하는 데 중요한 접근법을 보여주는데, 이 국가-사회관계에는 선거권자의 범위를 결정하는 정책과 개인의 선호에 영향을 미치는 정책피드백(policy feedback) 같은 것들이 포함된다.

일단 민주정치체제 — 심지어 부분적인 민주정치체제라도 — 가 형성되면, 반대세력은 정치적인 채널을 통해서 지지를 동원할 수 있다. 그러나 공식 정치제도가 항상 항의를 억제시키고 불만을 해결할 수는 없다. 대체로 사람들은 계속해서 불만하거나 제도정치의 통로 밖에서 사회운동이나 기타 사회변화프로젝트를 통해 그들의 요구를 관철하기도 한다. 6장에서는 이에 관한 문헌에 나타난 주요 논점들을 검토하여, 그들이 어떻게 체제변화과정에 대한 이해는 물론 운동에의 참여가 정치사회화 또는 평생 동안 미치는 영향에 대한 이해를 확대시키는지 탐구하고, 혁명사회학에 대한 초기 논의로부터 몇 가지 주제도 도출해낼 것이다.

정치변화는 민주주의, 독재, 또는 익숙해진 기타 권력조직 방식 등 여러 방향으로 이어질 수 있다. 제국과 민족국가는 수세기에 걸쳐 타 정치질서모델로부터 발전되어 나오기도 하고, 그 모델들을 강화시키기도 하고, 때로는 그것들을 불안정하게 만들기도 했다. 7장에서는 국내·외에서 진행되는 사태들 간의 상호작용이 정치변화를 새로운 궤적으로 몰고 갈 가능성을 다룬다. 일부 관찰자들은 세계화가 민족국가라는 '사회적 우리'를 근본적으로 흐트러뜨리거나 재조정하고 있다고 주장해 왔다. 그런 과정은 국가가 정치적인 갈등과 비난을 관리하는 데 무능하다는 것을 어느 정도로 노출시키거나 악화시켰는가? 언제 그리고 어디서 정치행위자들이 사회적 재료를 창조적으로 용도변경하고 재조합하여 새로운 — 또는 부분적으로나마 새로운 — 형태의 정치질서를 구축하는 데 성공했는가? 그와 같이 정치질서의 미래에 관련된 질문에 대한 답은 그것의 과거, 즉 내구적인 권력조직 형태의 출현으로 돌아가는 것에서부터 시작된다.

권력과 정치

세계의 거의 모든 지역이나 여행을 통해 꼭 보아야 하는 많은 장소들은 오래 전에 사라진 정치질서의 흔적들이다. 라인강변의 고성들, 중국의 만리장성, 그리고 중앙아메리카, 북아프리카 및 동남아시아의 광대한 사원단지나 미국 남서부의 바람 치는 고원에 돌담으로 둘러싸여있는 곡물창고들 등이 그런 장소들이다. 이 장소들 하나하나는 인간이 자신의 환경을 통제하고, 공공재를 생산하며, 타인에 대한 지배능력을 향상시키려는 나름의 방식들을 상징한다. 유럽의 고성들은 경제활동의 중심지이자, 족벌왕조를 인정받고 정통성 갖춘 통치권자로 연결시켜준 권력의 '근거지'였고, 또 주변 지역을 안보와 착취를 위한 공간으로 확보시켜주는 군사자원이었다. 그런 고성을 점유한 통치자의 공식 정치권력은 공통의 문화적·

종교적 의미와 사회경제적 활동이라는 넓은 연결망에 뿌리를 두고 있다. 만리장성을 축조한 황제들이나 사원을 통할하는 사제들 그리고 불과 몇 세기 전에 사냥과 채집 생활에서 벗어난 소규모 인간집단의 지도자들도, 비록 그 획득 방식은 달랐지만, 유럽의 성주들과 같은 곳에 정치권력의 뿌리를 두고 있었다.

거의 모든 지역이 서로 다른 권력의 조직방식에 따라 각자의 모습을 가지게 되었다. 유타주 남동쪽 구석에 있는 거친 석조곡물창고부터 보자. 그 지역은 처음에는 여러 개의 아메리카원주민 사회가 정착하고 있던 곳이었는데, 미국이 (구 스페인 식민지) 멕시코와의 전쟁에서 승전한 후에는 미합중국의 영토가 되었다. 그리고 미합중국의 주로 편입되기 위해서는 그들의 법률을 개정하라고 미국 의회로부터 강압을 받던 몰몬(Mormon) 정착민들이 신정체제를 구축했다. 자유주와 노예주 사이의 화해를 바랐던 연방의회의 기대를 반영하여 동쪽 수천 마일 밖의 워싱턴에서 동서간의 경계선으로 그린 지도상의 직각교차점인 '포 코너스(Four Corners)'를 (유타, 콜로라도, 뉴멕시코 및 애리조나의 4개 주가 만나는 지점의 명칭임 – 역자 주) 중심으로 하여 시계방향으로 돌아보자. 하나의 주권체인 동시에 미연방에 귀속된 현 인디안보호구역을 거쳐, 천년도 더 지난 과거에 이 지역의 중심지였던 차코 캐년(Chaco Canyon)의 폐허를 지나, 스페인과의 전쟁 및 독립 멕시코와의 전쟁을 통해 획득한 지역과 멕시코로부터 매입한 지역이 나타난다. 이와 같이 새로운 형태의 정치질서에 이르는 길들은 각각 교역체계, 재산권제도, 종교의식 및 가족제도에 의해 형성되었다.

세계 거의 모든 지역에서 권력고고학(archaeology of power)을 통해 이와 비슷하게 복잡한 여행을 할 수 있을 것이다. 과거 별도의 왕들이 지배하던 잉글랜드, 웨일즈, 스코틀랜드 및 아일랜드 일부로 구성된 연합왕국 영국이 바로 대표적인 예다. 이탈리아와 독일 모두 놀랄 만큼 다양한 과거의 제후국, 공국, 자유도시, 그리고 기타 형태의 정치체제들로 구성된 현대 민족국가다. 현대의 인도, 파키스탄, 방글라데시가 옛날 여러 왕조들이 지배하던 영토를 분점하고 있는데, 이곳은 과거 대영제국에 의해 통합된 뒤, 처음에는 두 나라로 그 다음에는 세 개의 개별 민족국가로 분리되었다. 이러한 과거 유산에서도 그리고 (군사기지, 국경의 울타리와 검문소, 국가 박물관이나 기념관 및 국제경제관계 구축과 국내산업 보호를 위한 자유무역지대 및 관세제도를 구비한) 현대의 어떤 정치권력체제에서도, 권력이 사회적으로 조직되는 방법이 수없이 많다는 것은 분명하다.

권력기구는 거대한 정부청사, 의회의 회의(sessions), 선거 토론 및 투표행위와 같이 우리가 보통 '정치적인 것'이라고 규정하는 장소, 건물 및 과정에 의해 형성되고 이에 따라 작동한다. 정치학자들이 대체로 이런 (의회, 행정부 및 사법부와 같은) 공식적인 정부 구성요소의 작동과 그 결과가 어떤가 등의 문제로부터 시작하는 데 반해, 정치사회학자들은 권력이 왜 다른 방식이 아닌 어느 특정 방식으로 조직되는가라는 퍼즐에서부터 시작한다. 이렇게 정치사회학자들이 제기한 문제들은 우리의 시야를 넓혀 공식 정치가 경제 갈등, 종교 신앙, 가정 관행 및 광범위한 사회정체성 등과 맺는 관계에 대해 생각하게 한다. 고성, 만리장성, 사원단지 및 곡식창고들 하나하나가 사회생활 요소에서 정치질서를 형성해내는 나름의 방식을 보여주는 것이다.

이 유적들이 서로 다르다는 사실은 여러 형태의 정치질서가 출현하고, 재생산되고 또 변화한 것을 어떻게 설명할 수 있을까라는 핵심적인 정치사회학 문제를 제기한다. 정치사회학이 가정정치를 구성하는 내밀한 관계로부터 전쟁과 무역이라는 지정학적 수준의 문제에 이르는 아주 다양한 역사적·지리적 구도들과 씨름하는 것이기 때문에, 우선적으로 필요한 것은 유용한 개념적 도구를 만들어내는 일이다. 그리고 권력 개념에서부터 시작하는 것이 제일 중요하다.

권력의 이해

독일의 사회학자 베버(Max Weber, 1864~1920)가 정치사회학자들에게 고전적인 권력(또는 원전의 *Macht*)의 정의를 내려 주었다. 그에 의하면, 권력이란 "한 행위자가 사회관계에서 저항을 극복하고 자신의 의지를 실행할 수 있는 위치에 있을 개연성, 그러나 근거와는 무관한 개연성"이다 (Weber 1978[1918-1920]: 58). 언뜻 보기에 이 정의는 별 의미가 없어 보인다. 그것은 마치 우리가 오랫동안 일상 대화에서 사용해온 단어를 이해하기 위해서, 우리가 의미를 정확하게 알지 못한다는 사실을 재확인해 줄 뿐인 그 단어의 정의를 찾으려고 사전을 펴보는 것과 같다. 그러나 이 권력의 정의를 다른 관점에서 바라보면서, 그것이 무엇을 상정하고 있고 또 '권력'이 가능하기 위해서는 어떤 조건이 구비되어야 하는가를 묻는다면, 보다 더 흥미로운 문제가 나올 수 있을 것이다.

첫째, 권력을 행사하기 위해서는 선호의 분화가 필요하다는 것에 주목하자. 한 행위자의 '의지'는 반드시 타 행위자의 의지와 구별된다. 베버가 의미하는 바에 의하면, 복수의 행위자들이 동일한 본능, 욕망, 전략목표를 공유하면서 하나의 행위자처럼 행동하는 벌집이나 '보그(borg)'에는 권력이 없다 ('보그'는 영화 〈스타 트렉(Star Trek)〉에 등장하는 매우 강력한 외계 종족집단으로서 여왕을 중심으로 하나의 연속체를 이루며 살고 있다 - 역자 주). 이 형상화는 "같은 사회의 모든 구성원이 공통으로 가지고 있는 몇 가지 의식 상태에서 나오는" 뒤르깽(Emile Durkheim, 1857~1917)의 '기계적 연대(mechanical solidarity)'라는 개념을 연상시킨다 (Durkheim 1964[1933]: 109). 뒤르깽에 의하면, 이런 형태의 연대는 전문화를 동반하는 발달된 분업과 구성원들 간의 상호의존관계를 결여한 초기 형태의 인간사회에서 가장 두드러졌다. 사회적·경제적 분화과정이 초기 사회학자들에 의해 추진되어온 현대성 분석의 중심 사안이었던 만큼, 이런 고전적인 주장은 권력의 행사와 제도화에 필요한 조건의 출현을 설명한 것이기도 하다. 토크빌(Alexis de Tocqueville, 1805~1859)이 이제는 고전이 된 그의 저서 『미국의 민주주의(*Democracy in America*)』의 서론에서 지적했듯이, 수세기에 걸친 유럽의 역사를 되돌아보면 교권과 왕권이 분화하고 사법부와 상인계급이 등장한 것을 단순히 '새로운 권력의 소재'가 증가한 것이라고 볼 수 있을 것이다 (de Tocqueville 2004: 4).

둘째, 권력행사는 불균등한 자원 분배나 타인의 "저항에도 불구하고" 그에게 영향을 미칠 수 있는 능력에 달려 있다. 모든 행위자들이 근본적으로 평등한 사회에서는 일련의 일대일 갈등들이 재격돌을 통하지 않고는 뒤바꿀 수 없는 위계질서나 '서열'을 만들어 낼 수 있다. 그래서 로크(John Locke)로부터 마르크스(Karl Marx)에 이르는 고전적인 사회학자들과 정치학자들이 종종 재산권의 기원 문제에서부터 시작했던 것과 같이, 제대로 된 정치사회학이라면 타인을 지배할 수 있는 능력이 심각하게 그리고 지속적으로 불평등한 원인에 관한 문제를 다뤄야 한다.

마지막으로, 베버의 권력에 대한 정의는 권력행사의 대상자들이 '이탈(exit)'할 수 있는 선택권을 가지지 않는다고 가정한다. 다른 행위자가 자신의 의지를 그들에게 강요할 때, 그들은 그대로 남아서 그것을 받아들여야 한다. 루소(Jean-Jacques

Rousseau, 1712~1778)는 자연상태에서 개인들이 불평등(natural inequalities)하다는 데에서부터 정치적 권위를 이끌어내려고 했던 근대 초기 정치학자들의 입장과는 달리, 어떤 사람이 "다른 사람이 모은 과일이나, 다른 사람이 이긴 게임, 또는 다른 사람이 거주하려고 선택한 동굴을 차지할 수 있다"고는 인정했지만, "그러나 그가 어떻게 타인의 복종을 강요할 수 있을 것인가, 그리고 가진 것 없는 사람들을 서로 의지하도록 묶어줄 수 있는 끈이 과연 존재할 수 있는가"라는 문제를 제기했다. 루소는 강자의 처분에 달려있는 자신을 상상하며, "그가 자러가기 전에 나를 단단히 묶어놓아야 할 것이다. 그러지 않으면 나는 분명 그의 머리를 때려눕히거나 도망쳐서 … 갑작스럽게 어떤 소리가 나도 그가 어쩔 수 없게 만들고, 즉시 20걸음을 달아나 숲속에 숨어, 내게 채워진 족쇄를 산산조각으로 부수고, 다시는 그가 나를 보지 못하게 할 것이다"라고 썼다 (Rousseau 1959: 232-233). 베버와 루소 두 사람 모두에게 있어서, 권력은 피지배자가 숲속으로, 바람 부는 언덕을 지나 멀리, 또는 만리장성 너머의 땅으로 도망하기 위해 지배를 거부하는 곳에서 끝이 난다.

최소한 베버가 이해한 바로는, 위와 같은 세 가지의 권력 조건은 특정한 종류의 사회질서가 정착될 때 충족된다. 그 사회질서란 (분업이라는 의미 그리고 개인들이 각자 다르고 또 스스로 결정하는 존재라는 문화적 이해라는 의미의) 사회적 분화와, 비교적 오래 지속되는 불평등이나 사회적 지위의 패턴, 그리고 특정 질서체제에 속하는 자들과 기초 사회집단 밖에 있는 (숲, 언덕, 황야와 같이) 불안정한 세계 사이의 경계를 한데 묶는 사회질서를 말한다. 대부분의 초기 사회집단화에서, 특정 집단에의 소속은 물리적으로 표시된 것이 아니라 혼자 나가 모험하는 대신 집단의 일부로 남을 때 누릴 수 있는 이익에 의해 발생했다. 유타주 남부의 석조곡물창고는 사람이나 동물 약탈자들로부터 방어할 수 있는 샘 근처에 전략적으로 자리 잡아 음식을 저장하는 기술을 보여준다. 그런 장소를 통제하는 집단을 떠난다는 것은 자신의 생존을 전적으로 자기 자신에게만 의지할 수밖에 없음을 수용한다는 것을 의미한다. 그러나 저장 식량, 물 접근권 그리고 어느 정도의 안전이라는 집단적으로 생산된 편익에서 오는 혜택을 누리기 위해서는 개인의 의지를 타인의 의지에 어느 정도 종속시키는 것이 필요하다. 이런 식으로, 타인과의 협력이나 타인의 지원에 대한 의존은 '이탈' 비용을 증대시키고 권력행사의 기회를 제공한다. 권력조직이 지속되는 데는 사회학자 만(Michael Mann 1986)이 말하는 '사회적 우리(social cage)'가 필요하다.

'사회적 우리'와 '사회적 봉쇄'

요새화된 고성과 성곽도시를 표현하는 말로 '사회적 우리'가 적절해 보인다. 그러나 어떤 의미에서 이 개념이 정치사회학의 보편적인 기초가 될 수 있을 것인가? 마이클 만에 의하면, '사회적 우리'에는 "인간을 분명하고, 확정되고, 제한된 사회적·영토적 경계 안에 가두는 것"이 포함된다 (Mann 1986: 38). 역사적으로 볼 때, 인간을 그렇게 가둔다는 것은, 의례를 통한 불확실성과의 단절, 기록이나 기타 기념하는 문화행위를 통한 시간과의 단절, 그리고 개인들의 마을이나 도시 내부 수용을 통한 외부와의 단절 등과 같은 격리상태를 만들어낸다. (농업이 출현하고 동물의 가축화가 시작된) 신석기혁명과 초기 정착시대를 관통하는 장구한 세월의 권력선사시대를 추적한 고고학적 기록이 여러 가지 고분의 부장품과 의례용구 속에 남겨진 불평등이나 '위계'사회의 증거를 제법 많이 제공해준다. 그러나 "잠정적인 권위가 영구적인 강압권력으로 전환되어야" 불평등이 '사회적 우리'로 변환될 수 있다 (Mann 1986: 100). 관련 연구문헌에 대한 마이클 만의 해석을 보면, '사회적 우리'로의 변환은 반드시 관개시스템같이 광범위한 형태의 분업의 발달 그리고 분업산물의 불평등한 분배체제의 발달과 함께 나타난다.

그런 사회에서 불리한 입장에 처하는 것이 어떤 기분일지 상상해 보자. 루소는 숲으로 달아나기 위해 자기 감금자의 머리를 내려치는 모습을 상상할 수 있었다. 그러나 우리는 소출 중 더 작은 몫을 차지하거나, 아니면 그 몫을 포기하고 홀로 산으로 가는 모험을 감행해야 하는 선택의 기로에 서게 될 것이다. 구체적인 내용은 다르지만, 1989년 동독 반(反)체제

인사들이 그와 비슷한 선택을 해야 할 처지에 있었다 (3장 참조). 자기의 사회관계망과 공공서비스에 대한 약속이 있는 곳에 남는 것과 장래가 불확실한 서유럽으로 건너가는 모험을 감행하는 것 중에서 하나를 선택해야 했었다. 우리의 삶이 얼마나 많이 '사회적 우리' 안에서 그리고 그 우리에 의해서 이루어지는가는 디스토피아 소설의 소재가 될 정도다. 전기가 나갔을 때, 법질서가 무너졌을 때, 가게 판매대에 식량이 진열되지 않을 때, 우리는 각자 삶의 질이 어느 정도로 복잡한 상호의존망에 얽혀있는지를 알게 된다. 장차 일어날 수도 있는 그런 암울한 가상현실이 분명하게 보여주는 것처럼, 발달된 분업체제 참여가 주는 혜택이 '이탈'에 따른 손실을 더 크게 만든다. 루소가 제기했던 것처럼, 과연 "가진 것 없는 사람들 사이에 그 어떤 의존관계가 있을 수 있겠는가?" 생산할 때의 공동노력과 그 결과 발생한 의존관계는 내구적인 권력관계의 조건을 만들어낸다.

내구적인 권력체계가 쉽게 또는 자동적으로 구축되는 것은 아니다. (개인의 육체적 건강을 포함한) 재산이나 자원의 분배가 극도로 불평등하지 않다면, 그 어떤 장래의 폭군도 굴종하지 않는 두 사람 이상의 결합에 의해 무너질 수 있다. 초기에 개발된 농사 및 공예 기술과 도구는 타인의 지배를 피해 산으로 가는 사람들이 가지고 갈 수 있었던 것들이다. 그래서, 만에 의하면, 내구적 권력관계는 계속 협력하여 얻는 이익이 특히 크거나 '이탈' 비용이 아주 부담스러운 곳에서 나타난다. 나일강이나 인더스강의 골짜기는 사막이나 산맥으로 둘러싸여 있어서 "탈출로를 막을" 수 있는 환경이다 (Mann 1986: 75). 물론 완전한 폐쇄는 거의 불가능하다. 이와 같이 '이탈' 비용을 증대시키는 하천골짜기는 이민, 교역, 패션 및 전쟁을 불러들이는 통로가 되기도 한다. 그러나 '이탈' 비용 (이탈이라는 개념은 이 장의 후반에서 논의될 것임)의 변화는 권력에 기초한 질서의 공고화 기회를 변화시킨다.

일단 그와 같은 탈출경로를 찾기가 어려워지면, 새로운 역학관계가 생성된다. 권력행사를 통해서 분업으로부터 혜택을 보는 사람들은 자기의 이익을 보호하기 위해 조직할 수 있다. 마찬가지로, 불리한 입장에 처한 — 또는 소출에서 작은 몫을 차지하는 — 사람들은 이익의 분배방식을 바꾸기 위해서 결집하거나 위협하자고 자기들끼리 모의하기 시작할 수 있다. 이 과정이 또 하나의 기본적인 정치사회학 개념인 '사회적 봉쇄(social closure)'를 구성한다. 사회학자 틸리(Charles Tilly, 1929~2008)는 베버를 인용하여 '내구적 불평등(durable inequality)' 체계의 출현을 설명했다. 그에 따르면, "(베버가) '사회적 봉쇄'라고 부르는 현상을 창출한다는 것은, 공동작업의 산물로부터 얻게 되는 모든 혜택에서 약자들을 배제하기 위해 강자들이 노력하는 것을 의미하는데, 반면에 그것은 약자들이 거부된 혜택을 차지하기 위해 조직화 하려는 노력을 조장한다"(Tilly 1998: 6-7). (사회학자들이 '구조적 동등성[structural equivalence]'이라고 부르는) "적의 적은 친구"라는 원칙에서 볼 때, 착취관계에서 손해를 보는 사람들은 분업조건을 바꾸기 위해 협력할 동기를 갖는다.

엘리트들은 자신의 이익을 보호하거나 증대시키기 위해서 '국가'라는 사회형태를 만들어낼 수도 있다. 이때 국가란 "정치관계가 영토 전체로 확산되어 멀리 떨어진 지역까지 커버한다는 의미에서, 그리고 그 지역에 대해 물리적 폭력으로 뒷받침되는 영구적이고 구속력 있는 규칙제정권을 갖는다는 의미에서, 중앙집권성(centrality)을 구현하는 차별화된 기관·인사의 일습"이다 (Mann 1986: 37). 새로운 구도가 어떤 사람들이 다른 사람들을 착취하고 지배할 수 있는 능력을 증대시킴에 따라, 사회적 위계질서는 더욱 심화되고 또 잠재적으로 더욱 안전해진다. 엘리트가 공동체의 집단적 능력 대부분을 통제하게 됨에 따라, 그들은 자기의 지배범위를 확장하고 새로운 마을과 지역을 권력조직체제로 편입시키기 위해 그 통제력을 사용할 수도 있다 (Tilly 1992: 24-25).

기존의 분업체제나 편익분배체제를 보존하거나, 증대하거나, 또는 그들에 대항하기 위한 집단행동의 결과는 대체로 동원 가능한 사회네트워크에 따라 달라질 것이다. '사회적 봉쇄'는 사회적 유대와 네트워크가 권력조직화에 기여하는 여러 가지 방식을 암시해준다. 국가형성 초기에는 친족이나 가족관계가 특히 중요했다 (Adams 1994). 힘 있는 가문은 아들들과 딸들을 강력한 타 가문의 배우자들과 결혼하라고 요구할 수도 있다. 이러한 가족 간의 연계와 부나 지위라는 이점이 여러 세대에 걸쳐 재생산되는 권력을 축적할 수 있게 한다. 공동의 종교행위나 민족배경을 이용하여 특정 직업을 얻거나, 타인을 별 볼 일 없는 분야에서 일하게 만들 수도 있다. 틸리가 지적한 바와 같이, 이러한 불평등은 완벽하게 구현될 수 있다. 18세기 후반 영국 육군과 해군에서, 장교들은 제복과 휘장은 물론 신체적으로도 뚜렷하게 구별되었다. "신입 사관생도들의 키는 신임 수병들보다 평균 10인치나 더 컸다"(Tilly 1998: 2). 현대사회의 연구에 의하면, 높은 소득은 출신 가정의 소득수준이 높다고 한다면 개선될 수 있는 미모, 고른 치아, 좋은 옷, 그리고 일류대학 졸업장뿐만 아니라 키 등의 모든 개인적인 특성과 계속해서 연관되어 있다. 심지어 선거민주주의체제를 가진 국가에서조차도 가족관계가 정치적인 이점으로 작용하는데, 이것은 클린턴과 부시 가문 시대의 미국인들에게서 뿐만 아니라 네루(Jawaharlal Nehru)와 그의 딸이 출가한 간디가문의 여러 인사들이 인도 국민의회당의 지도자 자리를 승계한 것이나, 아버지가 프랑스 국민전선(National Front)의 당수직을 딸에게 인계한 데서도 분명히 알 수 있다. 이런 식으로, 그리고 기타 더 많은 방식으로, 사회특권층에 속한 사람들은 계속해서 그들의 이익을 보호하고 그것을 자녀들과 손자들에게도 이어질 수 있게 만들기 위해 새로운 방법을 찾는다.

'사회적 봉쇄'는 소규모 집단을 형성하는 데서부터 시작될 수 있는데, 이때 혈연이나 지역, 사회적 관행 또는 종교적 신념을 공유하는 사람들 사이의 상호 보호와 지원 수단이 되는 것이다. "우리와 그들"의 기본구조는 분업이나 상호방어라는 상호의존체제 위에 구축되어, 문명인과 야만인, 신자와 무신론자, 서로 다른 민족 및 인종 등의 구분방식처럼 더욱 오래 지속될 범주적 구분선으로 모아질 수 있다 (Weber 1978[1918~1920]: 385-398). 이런 집단 간 차이의 속성은 헤어스타일이나 수염 또는 피부색 같은 생리적 차이에 대한 인식에 입각한 것일 수 있다. 그러나 '인종'같은 특성은 "공통 특성이라고 주관적으로 인식될 때에만 하나의 '집단'을 생성한다. 하지만 그것은 타 인종 사람들이 이웃이라거나 또는 가깝다는 사실이 (대부분 정치적) 공동행위의 기초가 될 때와, 이와 반대로 동일 인종으로서 축적한 공동경험이 **명백히** 다른 집단 사람들에 대한 반감으로 연결될 때에만 그렇다" (Weber 1978[1918~1920]: 385). 따라서 인종, 민족 또는 기타 범주적 정체성(categorical identity)은, 이미 존재하고 있는 (훨씬 덜 원시적이거나 덜 자연적인) 분쟁의 원천으로서가 아니라 갈등과 경쟁 과정에서 '발생하는' 정체성으로 이해해야 한다. 어떤 환경에서는, 교차횡단적(cross-cutting) 정체성이 독특한 '교차성(intersectionality)'의 경험을 만들어낼 수 있는 반면 (Cohen 1999; McCall 2005), 다른 정체성 범주들의 교차는 동맹과 연합 구축을 위한 틀을 제공할 수도 있다 (Heaney and Rojas 2015; Jung et al. 2014).

그런 친족관계, 민족, 종교 또는 계급에 따른 봉쇄과정은,

이런 사회적 경계를 교차횡단하는 네트워크를 구축할 수 있고 또 다른 종류의 정체성과 충성심의 교차점에서 '브로커' 역할을 할 수 있는 사람들이 권력을 행사하고 축적할 수 있도록, 새로운 기회를 만들어낸다. 중복되는 네트워크에서 권력 위계질서가 나온 것을 설명한 고전적인 연구에서, 파젯(John Padgett)과 앤셀(Christopher Ansell)은 르네상스시대 플로렌스의 위대한 인물들 중 하나인 코시모 드 메디치(Cosimo de Medici)가 어떻게 혼인, 이웃관계, 채권자-채무자관계, 그리고 정치적 후원 등에 기반을 둔 네트워크들의 교차점에 앉아있었는지를 보여주었다. 코시모는 플로렌스 엘리트 대부분의 일상생활을 구성하는 여러 가지 관계의 핵심 교차로에 앉아 독특한 형태의 영향력을 축적하여 이득을 보았다. 어떤 사람이 공공연히 타인들을 지배하거나 사리사욕 충족을 위해 동원하지 않고도 "타인들의 폐쇄적 상호작용(locked-in interactions)이 자신의 이익을 돕도록 집단행동의 흐름을 발생시킨다면, 거기에 통제가 있는 것이다"(Padgett and Ansell 1993: 1259). 이와 비슷한 직관이, 비록 다른 주요 이론이 세운 가정에 근거를 두고는 있지만, 부르디외(Pierre Bourdieu, 1930~2002)의 국가 출현에 대한 분석에 영향을 미친다. 부르디외의 분석은 "다른 어떤 분야보다, 어떤 종류의 자본보다, 그리고 특히 그들 사이의 교환비율보다 (그리고 결과적으로 그들을 각기 보유하게 된 사람들 간의 세력관계보다) 국가권력을 우선시 한다"(Bourdieu 1994: 4). 만약 사회가 여러 개의 네트워크나 분야로 구성된 것이라고 이해한다면, 그것들이 교차하고 중복되는 지점을 통제하는 것은 중요한 힘의 원천이다.

'사회적 봉쇄'는 통합과 중개를 통해 엘리트들이 지배체제를 구축하게 하는 메커니즘 역할을 수행하는 것 외에, 불평등체제에 대항하는 수단이 될 수도 있다. 불리한 상황에 함께 처한 사람들은 때로는 그들의 공동경험이 공통의 종교적 신념이나 신체적 특성 또는 직업구도와 연계될 때 동원으로 이어질 수 있다는 것을 알게 된다. 농민들은, 정치학자 스콧(James Scott 1987)이 "약자들의 무기(weapons of the weak)"라고 묘사한 것을 효율적으로 사용하여 권력자들의 권위에 반란에 가까운 수준으로 대항할 수도 있고, 또 그 권위를 뒤엎으려 할 수도 있다. 마르크스는 산업화사회, 특히 19세기 영국의 대형 공장에서 함께 겪었던 착취경험이 노동자들로 하여금 서로를 고용주와의 착취관계에 의해 규정된 집단의 일원이라고 인식하도록 자극하게 된 과정을 추적했다. 마르크스는 이렇게 산업노동자들이 분업에서 함께 했던 입장에 근거해서 집단정체성을 형성한 것이 그들을 (정체성 공유나 집단행동이 없는 구조적 동등성이라 할 수 있는) "계급 그 자체(class in itself)"에서 "계급 자체를 위한 계급(class for itself)"으로 변화시키는 원동력이 될 것이라고 예측했다. 이런 식으로, 저임금 미숙련 산업노동자들이 공유하는 '궁핍화(immiseration)'조차도 공통의 정체성, 불만 및 집단행동능력이라는 형태의 새로운 권력투쟁 자원을 만들어낼 수 있다 (Tucker 1978: 473-483).

'사회적 우리'와 '사회적 봉쇄'라는 개념은 정치학을 사회학적으로 접근하는 데에 기초를 제공한다. 그들은 사회관계의 구성이 어떻게 공고한 사회질서를 형성하고, 집단형성의 패턴을 창출하며, 집단 간 갈등을 촉진하는가를 보여준다. 그러나 불평등과 '사회적 봉쇄'로 얼룩진 세상에서는 거의 언제나 어디서나 전형적이랄 수 있는 일상적이고 안정되고 당연시되고 또 심지어 무관심한 정치생활보다는 끊임없는 갈등과 경쟁을 보게 될 것으로 예상된다. 차별과 불평등이 있음에도 불구하고 갈등이 없는 상태를 설명하기 위해서는 권력의 개념에 대해서 좀 더 자세히 연구할 필요가 있다.

권력의 차원

마르크스의 이론은 공동의 착취경험이 집단형성('사회적 봉쇄'와 공동 정체성의 등장)으로 연결되고, 이어서 집단정치행위로 연결될 것이라고 예측한다. 그러나 권력구성에 대한 논쟁이나 갈등이라는 의미의 정치를 전혀 만들어내지 않고도 타인에 대해 권력을 행사하는 경우가 많다. 가벤타(John Gaventa)는 이제는 고전이 된 그의 정치민족학(political ethnography) 저서에서 그런 사례 하나를 분석했다. 애팔래치아 탄광 광부들의 극심한 가난과 고통을 분석하면서, 그는 광부들이 그렇게 심한 강자의 착취를 함께 경험했는데도 왜 그것이 대부분 정치동원으로 연결되지 못했는가를 이해할 수가 없었다. "엘리트가 비엘리트를 지배하는 사회관계에서, 왜 그 지배에 대한 도전이 일어나지 않는가? 이슈 제기, 불만 토로 및 이해관계 인식을 방지하는 사회적 박탈 상태에는 무엇이 있는가?" (Gaventa 1980: 4)

이런 의문들이 가벤타로 하여금 권력에 대한 베버의 정의와 또 그 정의에서 서로 직접 관련된 두 행위자를 상정한 것을 넘어서게 했다. 베버에게 있어, 의지들은 각기 다르다. 어떤 행위자는 다른 행위자의 "저항에도 불구하고" 성공적으로 그에게 영향력을 미친다. 그러나 경우에 따라서는 이런 직접적인 영향력이 필요하지 않을 수도 있다. 권력의 두 번째 차원 또는 '측면'은 권력행사가 우선적으로 결정이나 정치논쟁에 대한 참여 통제라는 형태를 취할 때 작동한다 (Bachrach and Baratz 1962; Lukes 1974). 그래서 특별히 부유하거나 연줄이 좋은 아테네인이 열등한 지위에 있는 시민에 대해서 베버의 첫 번째 의미의 권력을 행사했겠지만, 그 두 시민은 함께 정치적 심의에의 참여가 금지된 여성, 노예, 그리고 외국인들에 대해서는 두 번째 의미의 권력을 행사했다. 이와 같은 정치 접근에 대한 통제가 이슈에 대한 통제를 위해서도 가해질 수 있다. 19세기 초, 미국의 공화당과 민주당 어느 쪽도 의회에서 다수파가 되면 시민들이 제출한 수많은 노예제도 폐지청원에 대한 입법심사를 금지하는 '함구의 원칙(gag rule)'을 지켰다. 남북전쟁 후 수십 년 동안, 민주당과 공화당 양당 지도부는 자기 당이 의존하는 지역연합이 분열할까 염려하여 여성의 참정권과 금주 문제를 당 강령에 넣지 않으려고 했다. 점차 더 복잡해지는 정치체제에서는 분열성 이슈가 토론주제나 투표 대상으로 제기되는 것을 방지해서 직접 타인에게 영향력을 행사할 필요가 없도록 만들 수 있다.

그러나 가벤타가 애팔래치아 광부들이 정치적으로 침묵했던 수수께끼를 고찰한 결과, 이런 설명들이 모두 부적절해 보였다. 광부들이 주 의회의 표결에서 패배하거나 주지사로 하여금 자기들의 불만을 해결하도록 선동한 것이 아니었다. 그들은 그저 조용히 있었다. 불행과 착취의 경험이 너무나 친숙해져서 피할 수 없는 것 같아 보였고, 심지어 자연스러워보였으며, 아마 필요한 것으로도 보였을 것이다. 훨씬 더 큰 영국 장교들의 키가 왜소한 병사들을 지휘할 운명을 타고난 것으로 보이게 했던 것처럼, 전혀 다른 엘리트와 광부의 상황이 깊숙하게 운명 지어진 사회질서를 보여준다고 이해될 수 있었다. 그러나 광부들의 숙명적인 상황은 광산주와 그들의 언론계 동지들에 의해서, 그리고 종교지도자들에 의해서, 그리고 사회복지사들과 정부관료들의 책망에 의해서 부지런히 생산되고 강화되었다.

가벤타는 '사회적 우리'의 구축과 '사회적 봉쇄' 과정에서 작동하는 권력의 모든 차원을 고려하는 것이 중요하다고 주장한다. 특정 구도에 의해 특혜를 받는 사람들에게는, 그 구도가 불가피하고, 자연스럽고, 심지어 신의 섭리에 따라 정해진 것이라고 조작하는 것이 유리하다. 따라서 19세기 초 열렬한 잭슨파 민주당원들(Jacksonian democrats)이 여성, 아프리카계 미국인, 그리고 아메리카 원주민들이 너무나 의존적이고 유치해서 투표에 참여하기에 부적합하다고 주장했던 것과 똑같은 논리로, 왕들은 종교 신앙의 힘을 통치시스템에 이용하기 위해 주교들의 임명을 받는다. 따라서 중요한 정치동원 형태는 바로 비판 그 자체이거나 권력관계가 자연스럽지 않다는 것을 드러내는 일이다. 그러나 권력관계가 모두 완전하게 노출된다고 할지라도, 각 행위자들은 여전히 무엇을 해야 하는가, 굴종할 것인가, 맞서 싸울 것인가, 아니면 숲으로 달아날 것인가와 같은 고전적인 정치문제에 직면하게 될 것이다.

이탈, 항의 그리고 충성

정치사회학은 겉으로 보이는 모순을 이어준다. 권력구조는 '사회적 우리'나 '사회적 봉쇄'와 같은 제약(constraint), 착취, 배제 관계의 산물이다. 그러나 정치 자체는 일종의 자유, 즉 권력체계와 불평등체계가 상이하게 조직될 수 있다고 상상할 수 있는 능력을 필요로 한다. 모든 행위자들, 심지어 상대적으로 우월한 행위자들조차도 타인과의 의존네트워크에 얽혀있기 때문에, 감지된 불만과 근본적인 제약에 어떻게 대응할 것인가라는 문제에 직면하게 된다.

유명한 경제학자 허쉬만(Albert O. Hirschman, 1915~2012)은 이 문제를 생각하는 데 필요한 강력한 렌즈를 제공했다. 그가 공화파의 편에서 스페인내전에 참전하기 위해 독일의 대학을 떠났고, 나치가 점령한 프랑스에서 탈출하는 난민들을 도왔으며, 마침내 미 육군과 전략사무국(Office of Strategic Services)에서 복무했던 것 등 그가 인생역정에서 선택한 대안들이 그의 이력을 형성했다. 그는 사람들이 불만스런 상황에 직면했을 때, 세 가지 길 중에서 하나를 택할 수 있다고 주장했다. 그 세 가지 길이란 충성(loyalty), 항의(voice) 및 이탈(exit)로서, 충성은 불만스러워도 전과 같이 계속하는 것을 말하고, 항의는 상황을 개선하기 위해 불만의 근원과 싸우는 노력을 의미한다. 대체로 이것들은 루소가 상정한 포로의 선택지 — 굴종하거나, 맞서 싸우거나, 숲속으로 달아나는 것 — 와 일치한다.

가벤타가 애팔래치아 광부들의 침묵을 이해하려할 때 알게 되었듯이, '충성'은 정치질서의 안정에 있어서 아주 특별하게 강력한 원천이다. 충성이란 "우리나라, 옳음과 그름"같이 강력하고 이념적으로 분명한 형태를 취할 수 있고 또 습관과 같이 구체화되지 않은 것에 가까울 수도 있다. 이것이 바로 우리가 있는 곳이고 우리가 정치를 하는 방식이다. 충성은 문화적 믿음에 기초할 수 있으면서 또한 정치적 대상의 선호에 부합하는 서비스의 제공과 정책의 채택에 의해 강화될 수 있다. 충성이 특정인에 대한 것이든 또는 "현 상태"의 양해에 대한 것이든 간에, 현상유지를 수용하는 것이 불만을 가진 사람들을 탈정치화 하거나 잘못하고 있는 정권을 지지하도록 동원할 수 있다.

'이탈'도 안정이나 변화에 일조할 수 있는데, 그것은 비판자들의 소멸과 정치질서 유지에 필요한 핵심 구성원의 증발 사이에 어떤 균형이 형성되는가에 따라 달라진다. 우연치 않게 추방은 통치자들의 정치적 도구, 즉 특정 통치자나 정권의 정통성에 대해 논의하는 데 비판자들이 참여하지 못하도록 제거하는 방법으로 사용되어왔다. 실망하고 환멸을 느낀 사람들의 '이탈'을 공식 부여된 투표권 행사의 포기와 같은 일종의 내부망명(internal exile)이라고 볼 수도 있다. 다음 장에서는, 충성과 이탈 모두 정치질서의 재생산과 변혁을 위한 중요한 메커니즘으로 그려질 것이다.

그러나 정치학과 정치사회학은 '항의'에 초점을 맞춘다. 특히 현대 민주주의사회를 이해하는 데 있어서 더욱 그렇다. 분석적으로 볼 때, '항의'는 정치적인 말과 행위로 구성된다. 그리고 시위하기 위해 평화적으로 모이거나, 일상적인 선거민주주의 행사에 참여하거나, 또는 단순히 저녁식탁에서, 친구들과 함께, 또는 버스 안에서 공공관심사를 토론하는 과정에서 행해진다. 여론, 투표, 자원봉사, 그리고 사회운동참여 등에 대한 연구와 같이 '항의' 실행과 관련된 구체적인 무대와 행위는 현재에 초점을 둔 대부분의 정치사회학에서 중심적인 연구대상이다. 그러나 특정 형태의 광범위한 사회질서와 권력조직이 '항의'를 가능하게 만들기도 한다.

정치질서에서 '정치'로

가장 영향력 있는 정치사회학자들 중 하나인 마르크스는 역사란 '사회적 봉쇄' 과정을 통해 조직된 경제집단들 간에 진행되는 투쟁의 산물이라고 규정했다. 마르크스에 의하면, "지금까지의 모든 사회사는 계급투쟁의 역사다. 자유인과 노예, 귀족과 평민, 영주와 농노, 장인과 직공, 즉 한마디로 말해서 압제자와 피압제자가 끊임없이 서로 대립하고 있다"는 것이다(Tucker 1978: 473-474). '사회적 우리'와 '사회적 봉쇄'라는 관점에서 볼 때, 다양한 형태를 가진 경제분업이 '사회적 봉쇄' 과정을 통해서 동원된 지배집단과 종속집단의 구성형태를 각기 다르게 만들어냈다. 그 결과는 대부분 파업과 반란 그리고 혁명의 형태로 나타나는 직접적인 갈등이다.

그러나 현대사회로 가는 도중에 새로운 일이 발생했다. 특별히 그런 갈등을 주로 처리하는 사회적 공간과 관행이 만들어진 것이다. 피치자들이 통치자에게 청원할 권리가 인정될 수 있게 되었다. 시간이 지나면서 피치자들이 특정 권리에 근거해서 자기들의 요구를 내세울 수 있는 장이 마련되었는데, 그 권리는 종종 새롭게 인정되지만 고대 원칙에 호소하는 용어로 표현됐던 것이다. 오랫동안 계속해서 영향을 미치는 몇 가지 혁신이 고대 지중해 세계에서 아테네의 민주주의와 로

마의 공화정이 시행되는 중에 나타났다. 재산소유나 가족혈통은 거의 언제나 지도자가 되기 위한 조건이었지만, 이때부터 추첨이나 주민 일부(유자격자)의 동의를 통해 (자격을 갖춘 사람들 중에서) 지도자들이 선발되거나 임명되었다. 이런 방식으로, 정치권력에 대한 통제가 잠재적으로 부분적으로 여타 사회적 역할과 네트워크로부터 분리되었다.

이런 정치질서 내에서 공동체의 일부 구성원은 시민이라는 새로운 지위를 얻었다. 시민권 부여의 자격조건은 성인, 남성, 재산 소유자 및 소속 공동체 출생자와 같이 때로는 서로를 강화해주는 여러 형태의 '사회적 봉쇄'로 구성되었다. 미성년자, 여성, 노예, 가난한 자, 외국인이 의존상태에 있다거나 다르다는 점이 그들을 여러 가지 방식으로 배제하는 근거가 되었다. 그러나 공동체 내에서 시민권을 부여받은 사람들은 정치질서의 특성을 반영하기 위해 특별히 고안된 새로운 사회무대에 접근할 수 있게 되었다. 비록 이처럼 새로운 제도들이 복잡한 '사회적 봉쇄' 지도 위에 그리고 '사회적 우리' 안에 세워졌지만, 그것들은 권력의 분배와 권력의 정통성을 반영하는 자유의 영역으로서의 '정치'를 구성하고 있다.

자유의 영역으로서의 '정치'라는 개념이 정치이론과 정치사회학 사이의 관계에 끊임없이 혼란을 초래하는 근원이었다. 정치사회학이 당면한 개념적 도전은 유대, 내재성(embeddedness), 의존, 제약의 네트워크들과 대중의 관심사를 심의하기 위해 마련된 특정 제도영역 간의 관계에 대해 생각하는 것이다. '사회적 봉쇄'가 초래한 불평등과 지배는 언제 그리고 왜 논쟁거리가 되는가? 그리고 언제는 그것이 불가피한 것으로 받아들여지고 또 언제는 인식조차 되지 못하는가? 우리가 살고 있는 '사회적 우리'의 모습이 문제시 되고, 명시적으로 '정치적인 것'으로 지정되어 권력조직에 대한 (재)검토 임무를 부여받은 제도 안에서 논의되는, 사회과정은 무엇인가? 이런 문제들은 종종 기관이나 자유보다는 구조와 제약에 관한 문제를 분석하는 데 초점을 맞춘다. 그러나 이처럼 폐쇄적인 분석틀은 (기존 권력관계에 도전하는 '항의' 및 동원을 행사할 가능성과 특별히 관련된 것 같아 보이는) 현대 정치질서의 요소 — 즉, 시민사회(civil society) — 에 대한 점증하는 관심에 의해 도전을 받아왔다.

언어학적으로, 시민사회라는 개념은 우리에게 도시, 시민권, 그리고 민간이라는 단어를 제공해주기도 한 라틴어 용어와 연관되어 있다. 이러한 용어들은 우리에게 정치라는 개념의 뿌리를 제공해주는 그리스의 도시국가(*polis*)나 도시와 관련이 있다. 이 용어들에 관한 특유의 퍼즐을 즉시 알아야 하는데, 그 퍼즐이란 이 용어들이 어떤 의미에서는 모두 정치적이지만, 그렇다고 그대로 국가나 내구적인 권력구조와 동일시될 수는 없다는 점이다. 만약 국가를 '사회적 우리'의 가장 단단하고 중심적인 요소라고 개념화한다면, '시빅(civic)'이라는 형용사는 때로는 그와 인접한 영역, 사람, 그리고 관심을 표현하는 것이다.

하버마스(Jürgen Habermas)는 철학자 아렌트(Hannah Arendt)를 인용하여 사유재산에 기반을 둔 경제의 등장이 어떻게 "사회에서 공적인 성격을 갖게 된 사적 영역"을 창출해냈는지에 초점을 맞춰 이 개념을 영향력 있게 정립했다(Habermas 1994: 19). 이 정의는 경제가 통치자의 가계와 분리된 역사적 분화(differentiation)에 중심을 둔 것인데, 이 분화는 '근대성'의 출현 그리고 상당수의 **부르주아**나 중산층의 출현과 관련된 과정이다. 이런 개인, 가계, 기업 사이의 교환 영역은 "공유된다"는 의미에서 "공공"의 관심대상이라고 인정될 수 있다. 하버마스의 용어를 빌리면, "부르주아 공공영역은 우선적으로 사적인 사람들이 하나의 대중으로 모인 영역이라고 생각할 수 있다. 부르주아는 공공기관 자체에 의해서가 아니라 위로부터 규제되는 공공영역을 요구하며, 기본적으로 민간영역이면서도 공공성을 띠는 상품교환 영역과 사회노동 영역에서 여러 가지 관계를 관할하는 규칙 전반에 대한 논쟁에 적극적으로 참여했다"(Habermas 1994: 27). 근대 초기의 유럽에서는 통치자에 대한 예우보다는 이성에 입각하여 승패가 결정되는 사회·경제 관계 논쟁에 의해서 상호작용의 장이 형성되어, 최소한 시민영역(civil sphere)의 규제에 대한 정치지배권 행사를 위한 그리고 그를 획득하려는 경쟁을 위한 토대가 구축되었다 (Habermas 1994: 52). 하버마스가 결론내린 바와 같이, "완전히 성숙된 부르주아 **공공영역**은 사적 개인들(*privatized individuals*)이 함께 대중(*public*)을 형성하기 위해 담당한 두 가지 역할, 즉 재산 소유자의 역할과 순수하고 단순한 인간의 역할이라는 허구적 정체성에 바탕을 두고 있다"(Habermas 1994: 56; 원전에서도 강조됨). 근대 초기 시민논쟁(civic debates)에 참여했던 사람들은 그들의 개념적 상상력 속에서 루소 및 로크 등의 정치이론에 등장하는 완전하게 깨달은 자연적인 개인이 된다.

사적으로 조성되었어도 공적인 성격을 띠는 영역이라는 개념이 하나의 경제논쟁으로 대두되었지만, 거래와 제조 용도가 아닌 여러 가지 자원봉사활동을 부각시키는 '시민사회'의 이론화로 이어졌다. 직업을 만들기 위한 노력에 의해 동기부여가 됐는가 아니면 인종이나 종교에 기초한 연대를 창출하기 위한 노력이나, 자선단체를 조직하기 위한 노력이나, 또는 사회성을 강화하기 위한 노력에 의해 동기를 부여받았는가를 막론하고, 시민결사체들이 생각하는 부르주아 공공영역의 특성에서 핵심적인 모습은 하버마스가 이해한 것과 같다. 시민결사체들이란 행위자들이 공공이슈에 대해 성찰하고 행동하는 능력과 '공익'에 대해 성찰하는 능력을 키우는 사적인 영역이다. 그런 의미에서 시민사회는 공식 정치제도 밖에 있는 사회 영역으로서, 정치적으로 행동하고 항의(voice) 행사를 위한 능력 배양을 뒷받침하는 경우가 많다.

토크빌의 『미국의 민주주의(*Democracy in America*)』(2004)는 시민사회의 정치적 중요성을 강조한 유명한 저서들 중 하나다. 1831년 프랑스에서 아직 신생국인 미국을 방문한 그는, 프랑스혁명이 독재시대를 경험하고 또 군주제로 복귀하는 등 일련의 체제변환으로 이어진 데 반해 평등의 이름으로 일어난 미국혁명이 비교적 안정된 민주주의를 창출해낸 이유를 알아보려고 했다. 그 문제에 대한 답의 주요 내용은 미국에서 발견한 활기찬 결사체생활이 "자유의 정신"을 생동하게 했다는 점과, 국가의 도움을 요구하지 않음으로써 국가권력 확대나 중앙집권화의 초래 없이 갈등 관리 및 공공재 생산 능력을 배양했다는 점이라는 것이다. 이와 같이 결사체는 개인들이 자기 스스로에게 정치참여자로서의 권한을 부여하는 능력, 습관, 네트워크 및 자원을 개발하는 "시민을 위한 학교"의 기능을 수행할 수 있다 (de Tocqueville 2004: 595).

어떤 단체가 '비영리적'이거나 '비정부적'이라는 사실이 그 단체가 앞에서 말한 정치적 권한부여나 공공업무 및 정부행위에 대한 비판적 시각 개발을 위한 기반을 제공해준다고 보장하지는 못한다. 엘리아소프(Nina Eliasoph)가 활동가단체, 레저단체 및 자원봉사단체에 관한 주목할 만한 민족지학적(ethnographic) 연구를 통해 밝힌 바와 같이 (Eliasoph 1998), 그런 환경에서 참가자들에게 기대되는 '예절'이 때로는 '항의'를 위한 능력 개발을 방해할 수도 있다. 그러므로 우리는 시민사회가 정치적 관여와 경합을 지원하는 능력을 이해하기 위해서, 정부 직접통치를 벗어난 사회적 공간의 범위와 그 공간을 채우려는 조직 및 결사체의 성격 모두에 대해 관심을 가질 필요가 있다. 두 가지 요소 모두가 특정 '사회적 우리'의 틀 내부로부터 정치구도에 대해 이의를 제기할 가능성을 만들어낸다.

정치사회학이란 무엇인가?

이 장에서는 베버가 정립한 권력의 정의에서 시작하여, 각종 정치질서 형태의 출현, 재생산 및 변환을 어떻게 설명할 수 있을까라는 정치사회학의 핵심문제를 생각하는 데 필요한 기본적인 개념들을 정립했다. 이와 함께 '사회적 우리', '사회적 봉쇄' 및 '이탈'방지책의 개발이 내구성 있는 정치위계체제와 강도 높은 탈취·강압 조건 형성을 가능케 한다는 사실도 알아보았다. 틸리가 주장했듯이, 이런 과정은 전쟁에 의해 증폭될 수도 있지만, 정치질서를 심의하기 위해 만든 새 제도권 안의 행동에 의해 완화될(또는 악화될) 수도 있다. 어떤 환경에서는 착취와 강요로 인한 불만이 가벤타가 애팔래치아에서 관찰한 것처럼 정치적 동원으로 이어지지 못할 수도 있다. 그러나 다른 경우에는, 청원, 시위, 선거 및 심의가 지속적인 사회 공존과 협력을 가능케 하는 방식으로 정치질서를 재건하는 방법의 역할을 수행한다.

그러나 이 마지막 사항이 어떤 사람들에게는 절망적일 정도로 구시대적이라는 인상을 줄 수도 있다. 갈등이 만연하고 정책상의 문제들이 뿌리를 내린 시대에, 정치제도가 사회문제를 해결하는 능력이 부족하다는 증거는 아주 많다. 입법부는 정체되고, 투표자들은 변덕스러우며, 행정권은 주요 과제들 앞에서 무력해 보이는 경우가 다반사다. 그러나 헌법에 규정된 공식 제도들은 현대 사회에서 정치현상이 발생하는 방식들을 모두 담아내지 못한다. 정치사회학은 공식 정치제도 안에서 사회과정이 결과를 도출해내는 방식과 공인된 정치구도 밖에서 행해지는 여러 종류의 정치, 두 가지 모두를 탐구한다. 여기에는 내밀한 가정정치뿐만 아니라 사회운동을 지속시키는 시민결사체와 사회적 네트워크, 그리고 공식 정치제도 밖에서부터 제도 영역으로 되돌아오는 정치캠페인도 포함된다. 그러므로 정치제도의 성격과 그들이 어떻게 — 또는 얼마나 잘 — 작동하는지를 이해하기 위해서는, 공식 정치제도들이 이처럼 광범위하고 사회학적인 정치감각 안에 어떻게 내재되어 있는가도 이해할 필요가 있다.

국가, 제국, 민족국가

1장을 시작하면서 성, 사찰 그리고 기념물들을 돌아보았던 고고학여행은 권력구조가 아주 다양한 형태를 취해왔다는 것을 상기시켜 주었다. 그리고 그 다양성은 정치사회학에 문제를 제기한다. 소규모의 내구적인 권력체계들이 그렇게 다양한 방식으로 발달되어왔다면, 그들이 어떻게 그리고 왜 종국적으로 현대사회를 구성하는 대규모의 정치질서 시스템을 창출해냈는가? 이런 정치질서에 누가 어떤 방식으로 편입되었는가? 끝으로, 이렇게 광범위한 정치조직체제들이 어떻게 상호작용을 하면서 오늘날의 지정학 나아가 세계경제를 창출해 냈는가?

아주 일반적인 의미에서 '국가'란 (권위 있는 규칙의 제정과 정치적 폭력의 통제 등과 같은) 정치관계가 뻗어나와 전 영토에 영향을 미치는 중심적인 제도들의 집합이라고 말할 수 있다 (Mann 1986: 37). 그런데 그 정치관계의 구성은 여러 가지 다른 형태를 취할 수 있다. 지난 몇 세기 동안을 살펴보면, 국가를 구성하는 방식은 크게 두 가지였다. 제국과 민족국가다. 이 국가 구성 방식들 사이의 주요한 차이점은 (직접적인가 아니면 간접적인가라는) 통치의 특성 및 그 특성과 집단 멤버십이나 정체성 사이의 관계에 의해 포착될 수 있다. 제국은 공통의 문화적·정치적 소속감이 없는 광범위한 간접통치 관계에 의존한다. "중심 국가는 이 정치체제를 형성하는 여러 구성단위들과 어느 정도 분명한 협약을 맺기 위해 협상하고, 체결된 협약을 유지하며," 그 결과로서 "이 정치체제 구성단위들 대부분이 서로 연결되지 않은 상태에서 테두리(rim)가 없는 부챗살(hub-and-spoke)"의 네트워크 구조를 만들어낸다 (Barkey 2008: 9). 그래서 로마제국은 메소포타미아에서 영국에 이르는 전 지역을 아우르면서, 제국의 수도와 그로부터 파견되는 대표들을 통해 모든 지역과 연결했지만, 각 지방들끼리는 서로 직접 연결되지 않게 했다.

이런 부챗살모습과는 대조적으로, 민족국가들은 우리가 현대 세계지도를 보고 상상하는 것에 가까운 것이다. 민족이나 국민 같은 멤버십의 문화적 틀을 직접 조직통치체제에 연결하는, 영토로 묶여있는 실체가 민족국가인 것이다. 이와 같이 소속감, 사회관계, 정치조직이 동시에 대두되었다는 사고방식 자체가 민족주의와 민족국가가 역사적으로 출현하여 초래한 산물이다. 그것은 국경 안에 있는 사람들이 언어, 음식 조리법, 그리고 심지어 생식 상의 관습 등에서 중요한 유사점을 공유하고 있음을 암시한다 (Watkins 1991; Weber 1978 [1918-1920]: 395-398). 이와 같은 민족국가들 간의 국경에서는 언어가 바뀌고, 법이 바뀌고, 화폐가 바뀌고, 전쟁이 발생한다. 이러한 차이점들을 관리하는 것이 국경 안에 있는 정부의 핵심 역할이다. 국가 공무원들은 여권을 발급하고, 우표를 인쇄하며, 국내에서 태어난 신세대 구성원들 각자에게 적합한 국가 정체성과 애국심을 심어주는 학교 교과과정을 규제한다 (Brubaker 1996).

민족국가와 제국이라는 체제 모두 현대 정치세계의 발전에서 뚜렷한 존재감을 갖고 있다. 포르투갈, 네덜란드, 영국, 프랑스 그리고 독일 제국과 같은 유럽 강대국들은 제국으로서 연이어 전 세계로 세력을 확대했다. 러시아와 중국 모두 제국주의적 팽창과정에서 여러 아시아지역으로 영토를 확장하고, 이를 국가조직에 통합했다. 이스탄불에 중심을 둔 오스만제국은 전성기에 유럽과 아시아에 걸쳐 거대한 영토를 차지했다. 아메리카대륙은 포르투갈, 스페인, 프랑스, 영국 등 많은 제국주의 열강에 의해 식민지화되고 분할되었으며, 태평양 연안지역은 러시아제국에 의해 그렇게 되었다. 아프리카 해안지역 여기저기는 거대 무역회사들이 점령하여 거점지역으로 삼았고, 19세기에 들어서서는 식민지권리를 확보하기 위해 경쟁적으로 몰려든 제국주의 열강들이 내륙지방을 재편하였다. 19세기 후반에는 일본이 비슷한 모델을 따라 서태평양 일부로 지배권을 확장했고, 승승장구하던 미국은 태평양과 카리브해 지역에 제국을 건설했다. 이들이 각기 다른 정치체제 모습을 취하고 있었지만, 사실은 모두 "해외 영토를 반드시 정복하거나 점령하고 장기간 통치하지 않아도 되는 정치적 통치전략"인 제국주의라는 간접통치체제에 기반을 두고 있었다 (Steinmetz 2014: 79).

이런 정복과 정착 패턴이 더 많은 갈등과 변화를 초래했다. 북아메리카에서는 식민지 거주 영국인들에게 영국인으로서의 '권리'를 인정할 것인가를 둘러싼 갈등이 최초의 국가독립혁명에 기름을 부었다. 바로 프랑스령 카리브해의 노예경제 핵심 거점과 아메리카대륙으로 확장하는 데 필요한 전진기지를 무너뜨린 아이티혁명(1791~1895)이 뒤를 따랐다. 19세기에 라틴아메리카에서 포르투갈·스페인의 여타 식민지들이 성공적으로 독립을 선포하고 공화국을 건설했다. 이 사례들을 하나씩 살펴보면, 국가로서 자치권을 갖겠다는 주장은 한 국가의 구성원이 되겠다는 주장, 즉 자치정부를 가질 자격이 있는 국민이라는 주장과 연결되어 있었다. 전 세계에 걸쳐서 제국들은 계속해서 민족독립투쟁을 조장하면서, 점차 탈식민지화의 물결에 휩싸이게 되었다. 이 현상은 제2차 세계대전 종전부터 1960년 사이에 절정에 달해 지구상의 거의 전 국가를 점차 민족국가라는 표준화된 형태로 전환시켰다 (Meyer et al. 1997; Strang 1992).

제국의 확대, 국가권력의 공고화, 국가들의 독립 요구 등과 같은 사건들은 직접지배와 간접지배 간의 차이와 더불어 정치멤버십 성격상의 편차(특히 민족주의라는 강력한 형태)라는 기본적인 분석도구를 가지고 접근할 수 있는 주제들이다. 매우 다른 환경에 있는 행위자들이 이렇게 기본적인 구성요소들로부터 내구성이 있고, 광범위하며, 집약적이고, 중대한 권력 조직 및 행사 시스템을 구축해냈다.

직접통치와 간접통치

조직화된 통치는 마이클 만(Michael Mann)이 '사회적 우리'라고 표현한 상황, 즉 "인간을 분명하고 고정되고 폐쇄된 사회·영토의 경계 뒤에 가두는 상황"에서 출현한다 (Mann 1986: 38). 지방의 불평등·협력 체제에 대한 중앙의 통제권 행사를 통해서 어느 정도 형태를 갖춘 '국가'가 등장함에 따라, 경쟁이 끊임없이 전개된다. 통치자들은 중앙권력의 범위와 규모를 확대하기 위해 서열화된 더 많은 지방 사회조직체제에서 상대방들과 경쟁에 돌입한다. 통치자가 되려는 사람은 지역 유지들과 마을 지도자들에게 권력을 행사하여 자신(거의 항상 남성)의 통치프로젝트를 수행한다. 그러나 그런 통치권을 행사하는 데에서는 상이한 두 가지의 전략적 접근법을 취할 수 있다.

첫 번째 접근법은 "지역 및 지방 권력자의 세력기반을 철저히 변경하지 않은 상태에서 그들과 제휴"하는 간접통치 방식이다. 어느 시대거나, 통치자가 되려는 사람이 일정한 영토를 통치하는 중앙권력기구를 구축할 수도 있었지만, "그 영토 밖에서는 … 경쟁관계에 있는 타 중앙정권과 거래할 수 밖에 없었다"(Tilly 1992: 24-25). 경우에 따라서는, 어느 중앙정권이 지배하게 되어도, 이제 종속적인 신세가 된 타 중앙정권의 전 통치자를 통해서 간접적으로 그 권한을 행사한다. 간접통치의 경우, 새롭게 부상한 권력은 종속된 권력의 피지배자들과 직접적인 관계를 맺지 않는다. 그 대신 과거의 지배자나 지배가문은 이제 더 커진 정치구조 안에서 지방관리의 역할을 수행한다. 이 체제는 중앙 통치자와 지방유지로 바뀐 사람들 사이의 거래에 의존한다. "이 모든 장치는 지방 권력자들이 국가를 적들로부터 지켜내고 조세수입을 계속해서 수도로 보내며 … 거대한 행정조직 설립, 자금공여 및 부양(扶養) 없이도 간접통치방식으로 통치가 가능하게 하는 한 그들에게 상당한 권력과 재량권을 남겨주었다"(Tilly 1992: 25).

간접통치체제는 중앙에 행정적인 요구를 적게 한다는 장점과 각 지역의 상황에 대한 통제와 확인을 제대로 할 수 없다는 단점을 함께 갖는다는 문제를 안고 있다. 예를 들면, 중앙통치자들은 지역유지를 통해 세금을 징수하여 대규모의 징세기구 설립에 드는 비용을 절약한다. 그러나 그런 경우에는 지역유지들이 과연 장부를 정직하게 기록하고 시간에 맞춰 세수를 송금할 것인가라는 문제가 발생한다. 결과적으로, 중앙

통치자들은 지역유지들을 감독하기 위해 추가로 새 직책을 신설하거나 가까운 협력자들을 지역 정치질서체제에 투입하여 통제를 강화하려 할 수도 있다.

아담스(Julia Adams)는 1700년대 네덜란드제국의 통치네트워크에 대한 연구에서 이 전략의 사례 하나와 그 한계를 제시한다. 영토적으로 아주 작은 '메트로폴(metropole)' 즉, 중앙통치권력 소재지에서는, 친밀한 관계와 위원회구조가 네덜란드의 각 도시에서 온 엘리트가문들을 연결시켜주었다(Adams 1996). 그러나 그들이 네덜란드동인도회사를 통해 조직된 거대 통상제국을 경영하기 위해서는 지구 반대편 특히 인도네시아의 바타비아(Batavia, 현재의 자카르타)에서 이뤄지는 무역과 세입에 대해 통제권을 행사하는 것이 필요했다. 해결책은 메트로폴을 지배하는 가문연합 대표로 아들, 사촌, 조카들을 파견하는 것이었다. 그러나 그 아들들, 사촌들, 조카들은 남자들로서, 남자들이 하게 될 일을 하는 경향이 있었다. 그래서 바타비아에서는 이 네덜란드 회사의 남성들과 자바섬을 비롯한 여러 지역의 중요 집안 딸들의 제휴를 바탕으로 하는 별개의 가문들이 형성되었다. 그 결과, 한편으로는 남자 측의 네덜란드가문과 맺어진 유대관계에 대한 충성과, 다른 한편으로는 그의 배우자 측 가문과 맺은 연줄 및 그들 자녀를 위한 준비에 대한 충성 사이에 괴리가 발생했다.

현대 초기의 교통통신기술상의 한계를 감안할 때, 간접통치 형태 외에는 다른 대안이 거의 없었다. 결국 후에 중앙집권국가가 됐을 때에도, 초기 통치자들은 중세 봉건주의의 특성인 지역 엘리트들과의 거래 및 충성 시스템에 의존했다. 왕은 영주에게 땅과 그에 딸린 인구의 소유권을 부여했고, 영주는 군사력과 세수로 보답했다. 그리고 이와 같은 관계가 영주와 소영주 사이, 그리고 소영주와 유지 사이에서 되풀이될 수 있었다. 제국이나 초기 민족국가를 막론하고, 중앙의 직접통치를 확대하는 데에는 중앙 통치자와 지방유지 사이, 주변부의 지방유지와 농민 사이 그리고 아마도 중앙 통치자와 도시주민 사이의 동맹을 두고 재협상을 하는 것이 필요했다. 상호교류의 강화를 통한 유대관계의 구축, 새로운 연계를 강화하는 공동 정체성의 구체화, 그리고 새 정통권력이론의 (때로는 폭력적인) 제기 등과 같은 여러 가지 방식을 통해서 이러한 재조정이 이루어졌다 (Kiser and Linton 2002; Kroneberg and Wimmer 2012: 188). 행위자들 각자가 추구하는 전략에 따라, 이러한 재조정은, 예를 들자면, (절대 또는 합헌) 군주제, 신정체제, 공화제 등과 같이 여러 가지 상이한 체제들을 만들어냈다. 그런데 그 기본적인 역학관계는 앞 장에서 논의했던 '사회적 우리'와 '사회적 봉쇄' 과정에 뿌리를 두고 있다. "이런 시스템들은 동맹체제에서 어떤 사람들은 배제하려 하면서도 다른 사람들과는 교환관계를 맺으려하는, 각기 다른 자원과 권력을 가진 행위자들 사이의 투쟁에서 비롯된다" (Kroneberg and Wimmer 2012: 177). 오스만제국과 스페인제국의 정치네트워크 및 공동 정체성 구조를 비교해 보면 이런 일이 구체적으로 어떻게 일어나는지를 알 수 있다.

문화와 권력 공고화: 관용과 민족주의

바키(Karen Barkey)는 뛰어난 오스만제국 연구에서 이 제국의 건국자들을 대단한 네트워크 건설자라고 묘사한다. 그들이 붕괴해가는 로마제국과 (현대 이란에 중심을 두었던) 사파비드제국(Safavid Empire) 사이의 경계지역에 퍼져있는 인종적, 종교적 및 정치적 정체성 안에서 그 정체성을 넘어서는 네트워크를 건설한 것을 두고 한 말이다 (Barkey 2008). 지중해 북동쪽 모퉁이에 있는 이 지역은 유대인, (정교회와 라틴) 기독교도, (수니파, 시아파 및 수피파) 이슬람교도, 그리고 기타 많은 인종종교적 공동체들(ethnoreligious communities)의 고향이었다. 오스만제국 건국자들이 갈등에 대비해서 조직하고, 교역을 관리하며, 통치를 강화하려고 노력함에 따라, 무슬림들은 기독교인들과 결혼하고 (그들 중 일부는 개종하고), 큰 설득력을 가진 현자들과 협의하며, 신비주의자들을 존경하면서, 여타 잠재적으로 충성심의 근거가 될 수 있는 것들을 한데 묶는 동지적 유대관계를 형성했다. 이와 같이, 차이를 초월하여 네트워크를 맺는 행위는 주류가 된 다수에 의한 지배 패턴을 형성했다. 이 제국은 다양성을 가지고 있고 또 지역사회와 주변 지역이 근본적으로 이슬람에 대한 종속을 인정하는 한 상당한 수준의 자치권을 부여했기 때문에 더 강해졌던 것으로 알려졌다.

비록 다양성에 대한 관용이 제국을 건설하는 한 방법이었지만, 협력자들의 충성과 피지배자들과의 연대를 확보해야 하는 통치자들은 필요시 이 방식에 제한을 두었다. 네덜란드제국이 체제유지를 위해서 어떻게 (사람들을 메트로폴과 제국주의 전초기지에 돌아가면서 근무하게 하는 순환배치와 함께) 가족관계에 의존했는지를 되돌아보자. 그러나 메트로폴에서 맺은 인간관계와 함께 배양한 충성심에 기초한 신뢰관계는 제국의 규모와 범위가 성장함에 따라 위협을 받게 되었다. 유럽에서 미주를 거쳐 다른 지역까지 통치하게 된 스페인제국의 경우, 간접통치조직을 만들기 위한 이 "해결책"은 새로운 현실, 즉 출생지에 기반을 둔 친족관계와 경제적 유대상의 균열에 자리를 내주었다. 신세계로 간 어린 남자아이들은 제국의 통치기관에서 활동할 수 있는 일련의 기회를 보유했지만, 식민지에서 태어난 그들의 형제는 그보다는 훨씬 더 적은 기회만을 갖게 되었다. 이것이 식민지에서 태어난 **크레올**(*Creoles*, 서인도제도에 사는 유럽인 자손 및 유럽인과 흑인의 혼혈인 – 역자 주)에게 자신들의 처지에 따라 새로운 문화적 감각을 만들어내야 하는 과제를 안겨 주었다. 그 결과로 민족주의라는 새로운 문화개념이 만들어졌다. 그런데 세계제국을 건설한 유럽의 국가시스템에서, "'대부분의 유럽보다 훨씬 앞서서' 그렇게 일찍 민족개념을 발전시킨 집단이 왜 하필이면 **크레올 공동체**였을까?"(Anderson 1991: 50).

인류학자 앤더슨(Benedict Anderson)은 제국을 하나로 묶는 사회적 네트워크가 균열한 데에 바로 민족주의의 기원이 있다는 데까지 추적하였다. 아메리카의 스페인 식민지에서 초기 민족연대가 출현한 것을 반영하여, 앤더슨은 스페인왕국 밖에서 태어난, 재능 있고 야심찬 '크레올'의 관점에서 다음과 같이 적었다. "아버지가 아메리카대륙으로 이주한 지 1주일도 안되어 태어났음에도 불구하고, 우연히 그곳에서 출생했다는 사실이 언어, 종교, 조상 또는 매너 상으로 스페인 태생의 스페인인과 거의 구별되지 않는 그에게 종속이라는 딱지를 붙였다. … 그가 배제되고 있다는 사실이 얼마나 불합리하게 보였겠는가!"(Anderson 1991: 57-58). 이와 같이 누구는 제국과 교회의 최고위직에 오를 수 있고 또 누구는 그럴 수 없다는 설정이 배제를 통해 새로운 '사회적 봉쇄'의 울타리를 만들어냈다. 앞의 재능 있고 야심찬 크레올은 "그가 올라갈 수 있는 최정점, 즉 그가 임명되어 갈 수 있는 가장 높은 행정중심지가 멕시코의 멕시코시티나 칠레의 산티아고 같은 제국 내 행정단위의 수도"라는 것을 알게 되었다. "그럼에도 그는 이 비좁은 여정에서 동료들을 만났고, 그들은 서로간의 동료애가 … 대서양 건너에서 태어났다는 공통의 운명에 근거하고 있다는 것을 알게 되었다"(Anderson 1991: 57).

유럽인들의 무력과 무역이라는 유혹을 통해 (낯선 세균과 그로 인해 발병하는 전염병의 힘까지 합해져 [Diamond 1997 참조]) 정복당한 원주민들과는 대조적으로, **크레올들은**

"유럽인들과 같은 무기, 질병, 기독교 및 문화를 보유하고 있다는 점에서 사실상 메트로폴 사람들과 똑같은 입장에 있었다. 바꿔 말해서, 그들이 원칙적으로는 자기 권리를 성공적으로 내세울 수 있는 정치적, 문화적, 군사적 수단을 구비하고 있었다"(Anderson 1991: 58). 그런 상황에서 주변부의 엘리트와 대중은(Kroneberg and Wimmer 2012) 제국의 통치구조 안에 그들을 가두는 간접통치와 단절하기 위해 단결할 수 있었다.

비슷한 역학관계가 18세기 후반 북아메리카의 영국 식민지에서 전개되었다. 런던의 의회가 일명 '프랑스-인도전쟁'(French-Indian War, 역자해설 2.1 참조)이라고 칭하는 전쟁 때문에 쪼들리는 제국의 재정에 충당하기 위해 새롭게 세금을 부과하기 시작했을 때, 자기 자신이 영국인의 권리를 가진 영국인이라고 알고 있던 많은 식민지 주민들은 경악했다. 집회에서 외친 "대표 없이는 세금도 없다"는 구호는, 자신의 출생지

역자해설 2.1

영국이 인도를 식민지화하는 데 결정적이었던 제3차 카르나타카전쟁(The 3rd Carnatic War)으로서, 유럽에서 진행됐던 '7년전쟁'의 일환으로 영국과 프랑스가 인도에서 몇 년에 걸쳐 치른 전쟁을 말한다. 이 전쟁에서 프랑스가 인도인들을 정규군에 편입시켜 싸운 사실을 두고 특히 미국인들이 이렇게 '프랑스-인도전쟁'이라고 부르고 있다.

로 인해 제국 내에서 경력에 제약을 받던 스페인계 크레올들이 느꼈던 것과 비슷한 배제감을 표현하고 있다. 그러나 그들의 정치적 정체성이 '영국인이자 버지니아인' 또는 '영국인이자 뉴요커'로 남아있는 한, 새로운 민족국가의 수립으로 연결될 수 있는 공동 정체성의 창조를 위한 문화사업을 수행해야 했다. 이러한 노력은 타 식민지의 주민들이 충성과 희생을 바칠 가치가 있는 동포라고 인정하는 과정인 협력과 연합의 경험을 바탕으로 이루어졌다. "신뢰를 구축하는 데는 전략적인 고려 이상의 것이 필요했다. 평범한 미국인들은 당시 대중매체에 신속히 보도된 혁명적인 행위를 통해 신뢰감을 확인하면서, 권리와 자유라는 말이 단순한 미사여구 이상의 것임을 알게 되었다. 먼 곳의 유사한 집단과 일체감을 갖게 된 지역단체의 틀 안에서, 사람들은 개인의 희생을 혁명의 이념으로 전환하였다"(Breen 2004: xiii). 베버(Max Weber)가 인종과 민족에 대해서 주장한 바와 같이(Weber 1978[1918-1920]: 385-398), 정치갈등은 제국주의 통치구조 안에서 입장이 같다는 사실에서 새로운 집단정체성을 만들어냈다.

민족주의문화가 제국 주변부에서부터 성장했지만, 이후 '인민'을 형성하는 정치프로젝트는 정치중심지(또는 메트로폴)로 돌아가 그곳에서 수행되었다. 그때 메트로폴에서는 통치자들이 부분적으로는 하버마스(Jürgen Habermas)가 말한 "부르주아 공공영역"이 출현함에 따라 대두된 새로운 정통성 도전에 직면하고 있었다 (1장). 사유재산 경제체제에 대한 공동 관심에 초점을 맞춘 새로운 공개담론 영역이 새로운 형태의 정치동원에 힘을 실어주었다. 그리고 새로운 형태의 정치동원은 새로운 정치통제 메커니즘과 새로운 정치정체성의 기반에 대한 실험을 촉발시켰다.

현대 민족국가 건설

초기 세계제국을 몇 개 추적해보면 민족국가가 지배적인 정치질서 형태로 부상했다는 것을 알 수 있다. 앤더슨의 민족주의 기원에 대한 연구는 스페인제국이 걸은 길을 따라 수행되었는데, 다른 곳에서도 그와 비슷한 순서에 따라 민족주의가 전개되고 있었다. 유럽 북서쪽 구석의 늪지대에 자리 잡은 네덜란드제국은 당초 합스부르크-스페인제국의 한 지방으로 출발했다. 상인 및 기타 재산소유자인 도시 부르주아는 여러 방식으로 특히 종교개혁이 만들어낸 차이점에 의해서 중앙권력으로부터 분리되어 나와, 한데 뭉쳐서 스페인 통치에서 벗어나기 위해 투쟁했다. 수년간의 피비린내 나는 싸움에서 일단 성공한 새 정치엘리트들은 그들이 통치하려는 사람들의 동의와 복종을 어떻게 얻어낼 수 있을 것인가라는 또 다른 도전에 직면하게 되었다.

결과적으로 네덜란드 외에도 여러 곳에서 분명해진 것은 새로운 정치권력 조직 방식의 등장이었다. 프랑스의 철학자 푸코(Michel Foucault, 1926~1984)는 사물과 재산 관리 중심에서 사람관리를 중심으로 하는 새로운 통치방식이 출현했다는 측면에서 이 변화를 이해할 수 있다고 주장했다. 푸코는 이 새로운 관리방식을 '생물정치학(biopolitics)'이라고 명명했다 (Foucault 2010). 국가 행정기구가 발전함에 따라, 국가가 재산과 무역에 근거하여 징세할 수 있게 하는 새로운 숙련인력과 관행이 등장하여 그것들을 정교화하고 지속시켰다 (Brewer 1988). 그와 같은 변화는 영국의 정복자 윌리엄(William the Conqueror)이 그의 새 통치영역 전체에 걸쳐서 토지, 가축 및 재산의 소유권을 차지하기 위해 작성한 1086년의 토지대장과 현대 인구조사 간의 차이에서 찾아볼 수 있다. 대중교육과 초기 사회정책이 시작된 시대에 발명된 현대 인구조사는 인구 자체를 국가의 중심 자원으로 본다. 그래서 현대 인구조사에서는 토지, 소, 양 및 가축 수의 조사 외에도, 국가에 필요할 수 있는 사람들의 나이, 성별, 인종, 때로는 종교 및 교육과 직업 같은 속성도 상세히 기록한다. 그러나 단순 인구조사에서 인구관리로 넘어가기 위해서는 새로운 정치기술이 필요했다.

성공적으로 합스부르크제국에 반기를 들어 통치권을 획득한 네덜란드 엘리트들에게는 확실히 인구관리가 필요했다. 이 목적을 위해, 권력을 부여받은 프로테스탄트들은 종교적 신앙을 정치질서 유지에 활용하는 새로운 기법을 발명하여, 통제와 함께 정통성과 충성심을 창출해냈다. 이들은 1596년에 설립된 '규율의 집(house of discipline)'과 같은 새로운 제도들을 만들었다. 이것은 사실상 신생 네덜란드공화국이라는 분업체제 내에서 복종하여 기대된 행동을 하게 만드는 기계였다. 그래서 "사회적 고립, 강제노동, 체벌 및 도덕적 가르침 같은 것들을 강력하게 시행함으로써 신체에 이상이 없는 거지들에게 … 일의 가치를 교육하여, 그들을 생산적인 시민으로 변모시켰다"는 것이다 (Gorski 2003: 63). 한 외국인 관찰자는 수감자를 물속에 가두는 '물감방(drowning cell)'에 대해 다음과 같이 적었다. 그 감방은 "물이 수감자의 목까지 차올라 그의 게으름이 치료되었다는 것을 알게 될 때"까지 계속해서 물을 주입하여, "그가 익사할까 두려워 … 맹렬하게 감방의 물을 다 퍼내어, 위험에서 벗어났다는 것을 알게 됐을 때는 자기 게으름이 안치되었다고 말할 수밖에 없게 되어 있었다" (Gorski 2003: 65). 한 저명한 역사학자가 지적했듯이, 이 이야기가 "기이한 우화, 가학적인 공상"일 수도 있지만 (Schama 1988: 23), 물감방의 이미지는 새로운 자아의 강압적인 생성, 즉 지배체제를 안정시키는 데 필요한 행동규범과 정체성의 국제화를 상징한다. 네덜란드공화국은 고르스키(Philip Gorski)의 설명처럼 칼빈주의(Calvinism)와 같이 금욕적인 종교가 어떻게 "개별 신자들 내면에 자기 수양의 윤리"를 만들어내고, "교회 내부의 집단적 기강 유지를 위한 제도적 전략"의 발명을 고무하며, 규율 촉진을 위해 광범위한 사회개혁 논거를 만들어내는지를 보여준다. 고르스키는 그 결과가 새로운 국가, 즉 강력한 '사회적 우리'였을 뿐만 아니라 새로운 종류의 현대적 자아 또는 정치주체였다고 주장한다.

다른 정권들은 안정된 정치질서를 추구하기 위해 그와 다른 문화전략으로 눈을 돌렸다. 중세 일본에서는 중앙 통치자들이 혜택 받지 못한 자들의 복속뿐만 아니라 오늘날 우리가 알고 있는 현대 일본의 영토 전체에 대한 군주의 지배 — 그리고 쇼군(將軍)의 그림자 통치 — 를 확보하는 데 중심적 역할을 해 온 사무라이들의 충성과 통제에도 신경을 썼다. 이 과정의 핵심에는 어떻게 "일본의 소위 집단적이고 조화로운 문화가 … 역설적으로 갈등과 투쟁의 역사와 연결되어 있는가"라는 문화적 수수께끼가 있다. 북아메리카의 국가형성이 개별 식민지 주민들 간의 신뢰와 일체감의 발전을 수반하고, 네덜란드공화국의 공고화가 종교적으로 주입된 관행을 통해 국민 기강을 세우면서 이루어졌듯이, 일본 중앙집권통치의 공고화는 새로운 지배체제를 붕괴시킬 가능성이 가장 큰 사람들의 문화적 자아 변화를 수반했다. 이케가미(池上英子, Eiko Ikegami)의 설명처럼, "원래부터 사무라이문화는, 명예로운 전사들이 장기적인 목표를 달성하기 위해 단기적인 욕망을 억제할 것이라는 기대와 함께, 규율에 중점을 두었다." 국가형성에는 "개인들 각자의 개별적 정체성을 인정된 사회적 목표 및 책임과 조화시키는 데 부합하는 정신적인 기질을 생산하기 위한 자기 수양의 전통"을 이어주는 것이 포함되었다(Ikegami 1995: 11).

충성과 규율과 통제의 문제에 네덜란드공화국의 도시 상인들이 당면했거나 또는 일본의 쇼군이 당면했거나를 막론하고, 지도자들은 모두 통치의 조직 방식에 관하여 선택을 할 수 밖에 없는 비슷한 상황에 처하게 되었다. 이때의 결정은 종종, 가벤타(John Gaventa)가 제시한, 권력의 상이한 차원들이 어떻게 혼합되어 있는가에 달려있다. 권력은 베버의 고전적 정의처럼 타인의 의지에 반하여 직접 발휘되기도 하고, 의제나 결정에 대한 차별적 접근권을 통해서 작동하기도 하며, 발생 가능한 불만이 아예 조성되지 않도록 불평등을 이입(移入)함으로써 작용하기도 한다. 이탈리아 철학자 그람시(Antonio Gramsci)가 주장한 대로, 통치는 '지배'(직접적인 힘)의 형태를 취하거나 당연시되는 문화권력을 통해 작농하는 '헤게모니'의 형태를 취할 수 있다 (Gramsci 1971: 57-58). 베버가 말하는 다른 사람의 "저항에도 불구하고" 자신의 의지를 관철하려는 기본 감각과 유사한 지배(domination)는 자원집약적인 통치 방식이다. 무력을 동원하고 동맹국에 보상하는 것은 물론, 피지배자들의 저항에 대한 예상도 필요하다. 저항이 충분히 강력하면 종속 집단들이 새로운 국가권력을 창출하지 않고 그 대신 새로운 권리와 정책을 요구할 수도 있을 것이다. 결과적으로, 국가 지도자들이 직접통치체제를 확장하고 강화하려 할 때, '지배' 대신 다른 대안을 찾을 동기가 커진다.

직접통치체제를 확장하고 강화하려는 노력의 역사는 피지배자들의 경제사회적 생활을 구상하고 측정하며 그에 침투하는 새로운 기법의 발명으로 특징지어진다. 이러한 방법들은

"통치자들이 가계에 대한 과세, 징병제, 인구조사, 경찰제도, 그리고 기타 여러 가지 소규모 사회생활에 대한 침투 등의 방식을 통해서 시민과 그들이 통제하는 자원에 접근할 수 있게 만들었다. 하지만 그렇게 하는 데는 광범위한 저항, 대규모의 협상 그리고 시민들을 위한 권리와 특전 부여라는 대가가 치러졌다. 침투와 협상 둘 모두가 정부의 예산, 인력, 기구 확대를 초래하는 새로운 국가구조를 만들었다. 우리시대에 잠식성 국가가 형성된 것이다"(Tilly 1992: 25). 그러나 국가를 위해 더 많은 세입을 확보하고 또 지도자들을 위해 더 많이 통제하려는 사람들의 욕망은 항상 착취와 지배의 최종 대상자들이 저항하거나 반란을 일으킬 위험에 처하게 했다 (3장). 국경 너머까지로 확대되는 상업 및 군사 프로젝트가 권력강화를 위한 중앙집권국가들의 이 같은 노력도 위험에 빠지게 했다.

전쟁, 무역, 해방에 의한 형성

중앙집권적 행정기구 내에서의 통제를 확대하고 강화하려는 국내적 노력의 역사를 논의할 때, 분석 단순화 방법으로 '단일 목적을 가진 단일 행위자'인 엄격하게 조직된 국가가 항상 존재한다고 생각하기 쉽다. 그러나 제국이든 민족국가든 간에 국가를 건설하는 데는 항상 경제적·군사적 측면에서 내국인과 대외관계의 관리를 포함한 여러 가지 과제가 수반된다 (Foucault 2010: 5). 그 과제들의 결과는 중심 국가 내부의 파벌정치 형태를 취할 수도 있고 또 서로를 강화하는 순환고리를 만들 수도 있는데, 개선된 징세방법이 그 순환고리 안에서 보다 강력하게 군대를 지원할 수 있게 한다 (Brewer 1988). 틸리(Charles Tilly)는 전쟁과 치안유지라는 두 가지의 교차하는 역할을 강조한다. 그에 의하면, "유럽인들은 표준 전쟁 도발 논리를 따른다. 상당한 정도의 강압수단을 통제하는 사람들은 누구나 강압으로부터 얻어낸 것을 즐길 수 있는 안전지역과 그 외에 아마도 운영상 손실이 발생하는 요새화된 완충지대를 유지하려 했다. 경찰이나 그와 유사한 조직은 안전지대에 병력을 배치했던 반면, 군대는 완충지대를 순찰하며 그 외곽지역까지 진출하는 모험을 감행하기도 했다" (Tilly 1992: 70-71).

내부 안전과 국경지역에 대한 통제를 확보한 국가는 다른 과업, 특히 제국주의적 관계나 글로벌시장을 통해 조직된 무역 확대 같은 과업을 실행할 수도 있다. 다윈(John Darwin)에 의하면, 영국이 세계에서 가장 현저한 위치를 차지했던 것은 "단순히 영국 '자체'의 힘과 그 힘을 지구상 여타 지역에 한꺼번에 쏟아 부을 수 있는 능력을 가졌기 때문이 아니었다. 영국 국력의 요체는 해외부분의 강점을 제국주의 중심으로서의 강점에다 결합시키는 데 있었고, 또한 때에 따라 설득력 있거나, 강압적이거나, 공식·비공식적인 '제국주의 정치'의 다양한 연결고리를 통해서 여타 세계를 지휘하는 것이 아니라 관리하는 데 있었다"(Darwin 2009: 13). '사회적 우리'는 상호 의존과 충성과 이탈기회 결여가 합해진 데 기초하여 힘을 발휘하는데, 그와 동일한 역학관계가 제국의 공식 경계와 제국 관리들의 직접통제가 어느 정도 가능한 영역 너머까지 확장되는 제국체제의 공고화 과정 중에, 지역적·세계적인 규모로 되풀이된다.

이렇게 복잡한 제국체제를 하나로 묶는 힘은 제국주의체제 안에서 종속적 역할을 수행함으로써 얻는 혜택이 비용을 능가하는 간접통치시스템에 편입된 사람들 — 또는 최소한 그들 중 일부 — 의 감각이었다. 그 혜택은 무역체계 참여, 발달된 의료기술의 수혜, 선교사로부터의 구원 약속, 또는 신설 식민지학교와 소수에게만 해당되는 메트로폴 소재 대학에서의 공식 교육기회 등과 같은 형태를 취할 수 있다. 그러나 말할 것도 없이, 이와 같은 계산은 항상 바뀔 수 있고 또 논쟁의 대상이 될 수 있었다. 그리고 제국의 중심 국가에서 일어나는 사태발전과 주변국의 불만이 비용-편익의 결과에 대한 계산을 다시 하도록 촉발할 수도 있었다.

이러한 변화들 중 다수가 근대 민족국가 출현에 있어 중요한 요소였다. 그런 변화들로는 행정력을 멤버십이나 국가성(nationhood)에 대한 문화적 감각에 연결시킨 것, 그리고 다음 장에서 논의될, 국가적 소속감을 아주 제한된 형태로라도 국민주권 원칙에 연계시킨 것 등을 들 수 있다. 첫째 변화는 다양성에 대한 관용·이해의 원칙과 그 실천에 기초한 제국주의 중심-지방 관계에 대한 초기의 이해를 가로막았다 (Barkey 2008: 13). 바키가 보여준 것처럼, 오스만제국마저도 지도자들이 군사동원을 유지하기 위해 점점 더 여러 형태의 '민족주의'를 들먹임에 따라 러시아제국과 합스부르크제국에서 가해오는 군비경쟁압력(그리고 유럽에서 가해오는 경제경쟁압력)에 밀려, 결국 다양성의 수용을 포기했다.

민족주의의 문화적 힘이 강해지면서 제국의 중심 세력과 멀리 있는 정착지 사이의 관계에 또 다른 변화를 몰고 왔다. "민족주의는 대서양 건너편에서 태어났다는 치명적인 약점"에 대한 대응으로서 그리고 유전학적으로나 문화적으로 비슷한 스페인 태생 스페인사람과 크레올 사이를 갈라놓은 골짜기를 이해하는 방법으로서 만들어졌다 (Anderson 1991). 그렇지만 그것은 육체적 외양과 문화적 관습상의 중대한 차이 앞에서 제국주의적 중앙-지방 관계를 형성하기 위해 한층 가혹한 방식으로 운영되었다. 제국이라는 정치형태의 핵심인 간접통치체제는 좁은 의미의 식민주의와 비교될 수 있다. 이때 식민주의는 "정복자 정권에 속한 사람들의 지배와 피정복지 원주민 지배에 적합한 조직의 창설이 뒤따르는 이질적인 사람들의 정복"을 의미한다 (Steinmetz 2014: 79).

현지 통치자들은 확대된 지배·교환 네트워크의 핵심 연결고리였다. 반면에 식민주의는 식민 지배자와 피지배자가 (법적 지위, 사회적 또는 문명적 위상, 인종적 또는 생물학적 차이, 종교 등의 측면에서) 서로 다르고 불평등하다는 사실에 대한 이해에 기반을 두는 것이었다. 결과적으로 때로는 지배 현실과 문화적 기준이 잔혹하게 충돌하여, 전혀 새로운 문화 모델을 만들어냈다. 계약보다는 위협과 공공연한 억압에 바탕을 둔 식민지 강제노동에 대한 저술에서, 철학자 사르트르(Jean-Paul Sartre, 1905~1980)는 그것이 어떻게 프랑스 군인들로 하여금 '메트로폴리탄 보편주의'를 거부하게 만들었는지를 다음과 같이 묘사했다. "어느 누구라도 동료에게 강도질하고, 그를 노예로 만들거나 죽이면, 그것은 죄를 짓는 것이기 때문에, 그들은 식민지인들이 동료가 아니라는 원칙을 세워두었다 … 식민지 폭력은 노예가 된 사람들과의 상당한 거리 유지는 물론 그들의 인간성 말살을 목표로 한다"(Sartre 2004 [1961]: xlix-l). 이처럼 극단적 형태의 '사회적 봉쇄'인 식민지인들의 '타자화(othering)'를 격화시키는 것이 민족주의의 핵심인 공동 멤버십 범주 설정 뒤에 가려진 실상이다.

그러나 이처럼 제국 말기단계에서 문화적·물리적 차이에 중점을 두었던 것이 새로운 정치적 가능성을 열어 놓았다. 제국의 지방이나 식민지의 엘리트와 대중은 그들이 함께 중심부로부터 분리되어 같은 운명에 처한 것을 알게 되었다. 제아무리 "문명화되고", 교육 받았으며, 식민 본국 언어가 유창하다 할지라도, 현지 혈통을 가진 부모에게서 태어난 사람은 제국 문명과 정치 중심에 "속하지 않는다"고 규정받게 되어 있었다. 이런 상황에서 현지 엘리트들은 동맹을 전환하여 본국에 대한 충성을 식민지 대중들과의 연대로 바꿀 수도 있다(Kroneberg and Wimmer 2012: 180). 그 전환이 때로는 메트로폴의 점점 더 민족주의적인 (나아가 인종주의적인) 형태의 '사회적 봉쇄'로부터 배제된 데 대한 분노로 연결되었다. 정치이론가 파농(Frantz Fanon, 1925~1961)의 저작은 카리브해와 북아프리카의 프랑스 식민지 원주민들에게 가해진 심리정치학적(psychopolitical) 피해를 추적하여 다음과 같이 주장한다. "식민지인들에 대한 폭력은 그들을 통합시킨다. 식민주의는 그 구조상 분리주의적이고 지역주의적이다. 식민주의는 단순히 어떤 부족들의 존재에 주목하는 데 만족하지 않고, 그 주목을 강화하며, 그들을 차별화한다." 파농의 분석에서는, 이와 같이 식민통치를 통한 정체성 경계의 첨예화 현상은 "공동 대의명분 관념, 민족의 운명, 공동 역사 등의 개념을 모든 개별 의식 속에 투입하는" 해방전쟁에 대중을 동원함으로써 강화된다. "결과적으로, 두 번째 단계, 즉 국가형성은 피와 분노로 뭉친 덩어리가 존재함으로써 촉진된다"(Panon 2004[1961]: 51).

이 분노는 제국의 중심에 있던 많은 민족국가에서 이미 확보된 인민주권에 대한 정치적 열망과 결합될 수 있었다. 영국과 프랑스의 중산층 남성 그리고 결국에는 노동자계층 남성들이 수십 년에 걸친 시위나 반복적인 혁명을 통해 투표권을 획득하면서(3장), 식민지에 자치정부 원칙이 없다는 사실이 깊은 불만을 야기시켰다. "본국 모델이 인민주권, 민족주의, 그리고 넓게 포용적인 국가에 기반을 두고 있지만, 그것은 그것을 만들어낸 사람들에게 쉽게 겨눠질 수 있는 무기다. … 본국이 내세우는 보편주의와 공산주의는 민족국가가 주변부의 강력한 정치동원모델이 되도록 만든다"(Strang 1990: 847). 스트랭(David Strang)은 탈식민화의 '사건사(event-history)' 분석을 통해 이 모델의 힘을 보여준다. 이 연구에서 분석단위는 '국가년(country-year)'이고, 관심의 결과는 비독립에서 독립으로의 이행이다. 스트랭은 제국의 중심 민족국가 인민주권 수준이 식민지에 강한 영향을 미친다는 것을 발견한다. "본국의 참정권이 넓게 부여되어 있으면 속국의 탈식민화 비율이 상당히 높아진다. 식민본국에서 인구의 1/3이 투표인단에 추가되면(전 남성에 대해 참정권을 부여했을 때, 또는 남성의 참정권이 전 국민의 참정권으로 바뀔 때가 전형적인 경우임), 예상 탈식민화율은 5배 증가한다"(Strang 1990: 854). 그래서 투표권이 영국의 모든 성인 남성들로 확대되면, 영국 식민지가 독립될 가능성이 증가하고, 영국 여성들이 투표권을 얻게 되면 또 다시 증가한다. 이런 식으로, 시민권에 관한 강력한 문화적 가설은 제국주의체제 내부에 형성된 이념적 네트워크를 따라 흐른다.

제국의 중심국가(또는 식민본국)에서 시행 중인 정치모델과 식민지에서 행해지는 정치 사이의 관계를 고려할 때, 제국의 운영이 평등과 보편주의의 원칙에 입각하여 건국된 국가들에게는 특히 도전적인 것으로 드러난다. 도전에 대한 반응

중 하나는 사르트르가 프랑스 북아프리카 식민지의 강제노동시스템에 대한 저작에서 묘사한 "중심부 본국의 보편주의"에 대한 거부다. 반면, "아메리카제국"의 지지자인 줄리안 고(Julian Go)는 '민주적 후견(democratic tutelage)'론에 입각한 모델을 주창해왔다. 그 모델에 의하면 "미국은 제국이 될 것이지만, 다른 제국들과는 달리, 자국의 힘을 자애롭게 사용하여 타국 인민들을 변화시키고, 향상시키고, 민주화하는 임무를 수행할 것이다"(Go 2007: 76, 79). 다른 제국주의국가 출신 평론가들은 종종 거들먹거리는 관점에서 이 노력이 이상하다고 말했다. 1906년 한 영국 외교관 부인이 쓴 일기 내용은 다음과 같다.

> (미국인 식의) 이상은 세계의 모든 사람들이 자치권과 평등권을 가져야 한다는 것이다. 이것은 … 그들이 이 말레이계 혼혈아들도 … 동기를 이해하고, 최상위의 인종인 백인들이 2,000~3,000년이 걸려 발전시킨 제도에 의해 이득을 볼 수 있다고 생각한다는 것을 의미한다. (…) 생각해 보면, 이처럼 우스울 정도로 하찮은 것을 가진 미국은 마치 첫 아이를 가진 어머니 같다. 그 어머니는 … 자기 아이가 다른 어떤 사람의 어떤 아이보다도 훨씬 더 소중하고 경이롭기 때문에 자기 자신만의 방식에 따라 키우려고 한다. ([Go 2007: 82]에서 재인용)

'제국'이 미국의 공화정체제를 파괴할 것이라고 확신하는 사람들의 비판에 맞서서 미국이 제국주의체제를 발전시키기 시작하면서, 미국인들은 그들이 내세운 "민주적 후견"이라는 이상에는 크게 미치지 못하는 경우가 많았지만 여타 제국주의 전통과는 다른 모델을 채택하였다. 각 식민지와 보호령 주민들의 '문명' 수준이나 가능성이 서로 다르다는 가정에 따라, 필리핀과 푸에르토리코에는 학교를 설립하고 민간정부를 수립했으나, 사모아와 괌에는 (관할 해군 소속 총독들이) 거의 학교를 설립하지 않았다. 그러나 필리핀의 독립을 지지했던 사람들이 알게 된 것처럼, "민주적 후견"이라는 개념이 인민주권의 이름으로 거부되었을 때, 가해진 억압은 빠르고 가혹할 수 있었다 (3장 참조).

제국의 중심 민족국가 내부 정치질서 및 멤버십체계가 종종 식민 본국과 식민지 사이에 있는 것들과 다르다는 점 바로 그것 때문에, 제국주의체제를 구성하는 네트워크를 유지하기 위해서는 군사적 능력과 이념적 능력이 모두 갖춰져야 했다. 틸리의 어휘로 말하자면, 제국의 중심 민족국가의 '사회적 봉쇄'와 사회적 멤버십 문제가 제국 전체에 긴장감을 불러일으켰다. 그 긴장감이 전쟁과 무역을 야기시키고, 나아가 아직까지도 많은 전쟁을 유발하면서, 우리의 현재 및 미래의 정치지형을 형성하고 있는 중이다.

정치와 사회변동 경로

이와 같이 제국과 민족국가를 건설하는 사업은 쉽게 역사분석으로 격하되고 현대정치사 이전 사건들 중의 일부로 간주된다. 그러나 20세기 말에, '아메리카제국'이라는 말이 부활한 것은 반드시 우리들에게 여러 정치질서 형태의 장단점이 시간에 따라 그리고 정치행위자들의 이해타산이 바뀜에 따라 변화한다는 것을 상기시켜 주었어야 했다. 금세기 초, 워싱턴 D.C.의 고위 보좌관들은 미국인들에게 "우리의 세계적 강대국을 전통적인 민족국가가 아니라 제국주의 열강으로 재인식해야한다"고 촉구했던 것으로 알려졌다. "우리는 이제 제국이고, 우리가 행동할 때 우리는 우리들만의 현실을 창조한다"([Go 2007: 74-75]에서 재인용)는 것을 인식할 때였다는 것이다. 2001년 9월 11일 뉴욕과 워싱턴D.C.에 대한 테러리스트공격의 결과로, 앞에 언급한 보좌관들은 새로운 형태의 세계분쟁에서 비국가적이고 비영토적이지만 전략적 집중력을 가진 적들을 상대해야 하는 도전에 직면하게 되었다. 그들이 모든 것을 너무나 잘 알게 되면서, 정치질서의 한 형태로서 한정된 영토를 가진 민주주의 민족국가와 관련해서는 어떤 일이라도 일어날 수 있다.

간접지배와 직접지배 그리고 멤버십이 혼합되어 움직이는 역학관계를 강조함으로써, 이 과정이 "세계적인 테러와의 전쟁" 윤곽을 넘어 현대정치에서 어떻게 전개되는지를 아는 것은 어렵지 않다. 예를 들어 2014년 가을, 스코틀랜드는 영국으로부터 독립하자는 안에 대해 주민투표를 실시했고(투표는 부결되었지만, 1년도 되지 않아 실시된 총선에서 스코틀랜드 국민당[Scottish National Party]은 스코틀랜드에 할당된 의석 거의 전부를 석권했음), 홍콩은 베이징 정부가 다가오는 선거에 출마할 후보자들의 자격 심사권을 갖는다는 조치를 발표하자 이에 반대하는 시위로 들끓었다. 스페인에서 카탈루냐지역의 독립을 지지하는 사람들은 독립 찬반투표 실시를 요구하며 같은 해 가을 몇 달을 보내다가, 결국 마드리드정부의 허가 없이 투표를 실시했다. 이들 각각의 경우에서, 현대정치는, 간접통치에서 직접통치로의 전환과정에 의해 완전히 해소되지 않고 오히려 대단히 중요한 민족적 소속감의 구축으로 강화된, 균열을 활성화시켰다.

그러나 스코틀랜드, 홍콩 및 카탈루냐의 경우는 다른 공통점, 즉 정치적 정당성을 위한 틀인 보통선거라는 공통점을 가지고 있다. 홍콩의 경우 비록 부분적인 현상이었고 또 진압의 위협을 받았지만, 이와 같은 인민주권 원칙 중심의 정치조직 방식이 이 장에서 논의된 많은 식민지 독립투쟁에서 전개된 야심적인 민족해방 정치에 기름을 부었다. 그러나 그 모델 자체가, 때로는 전쟁이나 경제적 경쟁의 압력에 의해 가속화되지만, 대체로 여타 기성 정치질서 내에서 전개되는 투쟁들의 산물이었다. 민주주의모델의 계보를 추적하기 위해서, 다음 장은 혁명정치사회학과 여러 가지 현대 정치체제로 이어진 경로들을 다룰 것이다.

3장

체제와 혁명

전 시구적 차원에서 보면, 세계 정치지형은 수세기 심지어 수천 년 동안에 걸쳐 생동하며 변모하고 있다. 지역체제는 (군사력의 행사, 성소 또는 무역에 유리한 위치의 통제 등에 기반을 둔) 간접통치 장치를 통해서 영향력을 확대한다. 이런 관계는 시간이 지나면서 강화되고 또 소속감과 연대라는 문화적 범주에 연결되어, 결국 민족국가가 될 수도 있다. 다른 시간 다른 장소에서는, 간접통치네트워크가 외부로 확장되어, 새 영토와 공동체를 통제는 하되 통합하지는 않으면서, 여러 종류의 제국을 만들어낸다. 그러나 특정 장소와 특정 시간의 정치권력 구성이 어떤 양상을 띠고 있든지 간에, 그것은 뒤따라 나타나는 정치형태를 결정한다.

뒤에 나오는 민주정치 관련 장(4, 5장)에서 보는 것처럼,

권력조직이 때로는 강력한 긍정적 피드백효과(feedback effects)를 창출하는 정치를 만들어내면서, 기존의 제도, 관행 및 자원 분배 상태를 강화시켜준다. 그렇지만 민주정치를 이해하려고 하기 전에, 민주주의체제의 역사적인 출현을 이해할 필요가 있다. 군주제, 신정체제, 제국 및 기타 수많은 정치권력체제가 수천 년 동안 존재해오던 중에, 어떻게 '1인 1표' 및 '자유롭고 공정한 선거'의 원칙이 정치생활의 당위적인 기준으로 수용될 수 있게 되었는가?

사회학 정립에 기여한 사회이론가들이 이 문제에 답하기 위한 출발점을 제공한다. 꽁뜨(Auguste Comte, 1798~1857)나 뒤르껨(Emile Durkheim, 1858~1917) 그리고 마르크스(Karl Marx, 1818~1883) 같은 사상가들은 저서에서 역사를 사회조직 형태들의 연속으로, 또는 한 유형에서 다른 유형으로 이어지는 사회조직의 움직임으로 이해한다. 이런 유형은 순수하게 정치적인 것이 아니지만, 분업 및 권위형태가 상이하다는 측면에서 묘사된다 (Clemens 2005: 495-499). 꽁뜨는 역사를 신학적·형이상학적·과학적인 권위형태 등과 같이 각기 다른 권위형태에 의해 구별되는 유형의 연속으로 보았다. 뒤르껨에게는 역사가 분업의 산물인 분화에 의해 규정되는 기계적인 연대(*mechanical solidarity*)로부터 유기적인 연대(*organic solidarity*)로 이어지는 연속선을 따라 진행되는 움직임으로 그려졌다. 이런 권위형태의 변천은 처벌에서 배상·재활로 바뀌는 법의 성격 변화(그리고 이어서 여타 국가행위형태의 성격 변화)를 수반한다. 마르크스의 경우, 권위 기반의 변화와 경제활동 조직의 변화가 역사 이미지에서 '계급투쟁사'로 합쳐진다 (Tucker 1978: 473-474).

이런 역사변화의 이미지는 정치사회학에 세 가지의 거대 질문을 제기한다. 첫째, 정치적인 용어로는 사회변화의 특징을 어떻게 표현할 수 있는가? 둘째, 사회변화를 이끄는 정치과정은 무엇이고 또 어떻게 만들어지는가? 끝으로, 정치생활을 재편하기에 충분한 힘이 출현했다고 한다면, 재편되거나 새로 만들어지는 정치질서의 형태·성격을 결정하는 것은 어떻게 이해할 수 있는가? 이론적인 용어로 바꿔 말하자면, '사회적 봉쇄' 과정은 통치조직을 재편할 수 있는 잠재력과 함께 동원을 언제 만들어내고, 그 통치의 당위성은 어떻게 약화되는가? 이 문제들이 정치변화, 혁명 그리고 체제형성이라는 사회학 주제의 대부분을 구성하고 있다.

결합과 순차

제2차 세계대전 이후 수십 년 동안 활동했던 사회학자들에게, 정치변화의 궤적에 대한 문제는 추상적인 것도 학술적인 것도 아니었다. 이 학자들은, 소련과 불편한 동맹을 맺어 나치 독일과 대대적으로 싸운 전쟁경험에 비추어, 때로는 냉전에 걸린 이해관계 포착이라는 관점에서 정치변화 문제를 제기했다. 무어(Barrington Moore)는 고전이 된 자기 저서의 『독재와 민주주의의 사회적 기원(*Social Origins of Dictatorship and Democracy*)』(1966)이라는 제목 속에 이 수수께끼의 알맹이를 포착해 넣고, 『현대세계의 형성에서 영주와 농민(*Lord and Peasant in the Making of the Modern World*)』이라는 부제 속에다 해답의 개요를 제시했다 (Moore 1966). 무어는 정치변화 연구에 대한 '구조주의적' 접근법을 예로 들면서, 계급권력(class power) — 특히 경제계급 간의 동맹 형태 — 이 특정 국가가 가는 근대화의 길을 결정하는 핵심 요소라고 파악했다.

무어가 질문을 만드는 형태는 꽁뜨, 뒤르깽, 마르크스에서 발견되는 역사 이미지와는 다른 중요한 차이점 하나를 예를 들어서 보여준다. 무어는 하나의 변화궤적을 설명하기보다는 경로의 차이점과 결과의 다양성에 관심을 두었다. 그의 주장은 또 다른 핵심 사항에 대한 마르크스류의 근대성 설명과는 달랐다. 무어는 산업주의로 알려진 자본주의의 부상과 그에 따른 고용주와 피고용인 사이의 착취관계에 초점을 맞추지 않고, 대신 정치변화 경로의 주된 결정요인이 농촌에 있다고 주장했다. "지주 상류층과 농민이 기업농(commercial agriculture)의 도전에 대응하는 방식이 정치적 결과를 판가름하는 결정적인 요인이었다"는 것이다 (Moore 1966: xvii). 지주엘리트와 농민은 상업엘리트와 함께 혹은 그들에 대항해서, 또는 증가하는 도시 노동자와 함께 혹은 그들에 대항해서, 서로 다르게 연합하여 동맹을 맺을 수 있다. 이것이 제국을 연구하는 데 있어서는 물론(2장: Kroneberg and Wimmer 2012) 변화궤적에 대한 엘리트들의 통제능력 상의 불균형에도(Lachmann 1990) 나타나는 주변부의 엘리트-대중 동맹 변화를 반영하는 역학관계다. 무어는 기업농의 진출에 대한 이런 반응들이 민주주의로 가는 '부르주아'의 길(지주엘리트가 자본주의를 수용하기 위해 다른 사람들과 동맹을 맺을 때), 파시스트의 길(지주엘리트와 상업엘리트가 동맹을 맺고 노동자와 농민 모두를 억압할 때) 그리고 (철저한 농민혁명이 전통엘리트들을 쓸어버리고 새롭고 강력한 중앙집권국가의 수립 조건을 만들어낸) 전체주의의 길 중 어떤 길로 가느냐에 있어서 결정적인 역할을 했다고 주장한다.

무어의 도식적인 주장은 특정 계급에 초점을 맞추고 있고, 또 근본적으로 (이것과 저것이 결합될 때 어떤 결과가 나온다는 식의 – 역자 주) 결합적인(combinatorial) 주장이다. 그러나 그가 자기의 비교연구에서 각 사례를 분석해감에 따라, 또 다른 분석 차원이 나타났다. 끊임없이 다른 권력구성 형태에서 정통성을 찾는 정치문화에서, 이런 변화무쌍한 계급간의 동맹이 맺어진다. 따라서 영국과 서유럽에서 자본주의적 민주주의로 가는 '부르주아'의 길을 만들어 낸 동맹형태는 국가권력을 제한하는 데 유리한 역사적 맥락에서 형성되었다. 무어의 주장에 따르면, 봉건주의 유산(2장 참조)에는 "특정 집단 및 개인에 대한 면책특권 개념과 부당한 권력에 대한 저항권 개념이 함께 성장했음"이 포함되어 있다 (Moore 1966:

415). 이 주장은 영국 각지의 토지 소유제도가 다르다는 것과 그 결과 정치발전 궤적이 달라졌다는 점을 세심하게 비교하여 다듬어졌다 (Somers 1993). 서유럽의 정치발전에 관한 최근 연구들이 로마법과 중세 의회가 근대국가 초기의 정치적 자유와 왕권의 범위를 결정하는 데 지속적인 영향을 미쳤던 사례를 더욱 풍부하게 했다 (Downing 1992; Ertman 1997).

이런 유산과 제도적 맥락에 대한 관심은 정치변화의 궤적 형성에서 시간과 순서가 중요하다는 것을 강조한다. 민주정치의 발전과 관련해서, 학자들은 특별히 합리적인 관료주의의 출현 순서에 주목해 왔다. 이런 종류의 연구를 하는 데는 미국과 영국의 비교가 특히 중요했다. 학자들은 정치 결과에 대한 냉전적 선호를 반영하여, 미국이 상대적으로 견고하면서도 (종종 제2차 세계대전 이후 수십 년 동안 신생독립국들에 대한 위협으로 보이는) 후원정치(patronage politics) 문제로 시달리는 정당경쟁체제를 구축해온 데 반해서, 영국은 훨씬 더 전문화된 행정국가였으면서도 남성들에게조차 천천히 점진적으로 투표권을 확대한 이유를 알려고 했다. 벤딕스는(Bendix 1964) 이런 결과들이 현재 제국이론에서 도입되어 익숙해진 엘리트와 계급동맹의 역학관계에서 기인한다고 보았다 (Kroneberg and Wimmer 2012). 벤딕스는 영국 엘리트들이 어떻게 농민과 노동자에 대해 전통적으로 맡아왔던 준가족적인 책임을 거부하고, 대신 사회적 진화론(social Darwinism)처럼 때로는 시장이데올로기로 이어지는 노동자의 자급자족이라는 새로운 사상을 장려했는지 추적했다. 이것이 과거의 특권층 후원자가 노동자를 포기하는 형태가 되었고, 이에 대응하여 노동자들은 직접 정치 중심부로부터 이익을 확보하기 위해 새로운 정치참여 형태를 모색하고 투쟁했다 (Tilly 1995). 그러나 정확한 인구 집계와 징세를 위한 근대적 행정국가가 수립된 다음에 대규모의 정치동원이 이루어졌기 때문에, 영국 체제에서는 당파적 후원정치가 기반을 확보하는 것이 쉽지 않았다.

개발도상국 민주주의·독재의 장래에 대한 냉전적 논쟁의 맥락에서, 정치사회학자들의 정치적·결합적·순차적 분석이, 과거 중요 학술논쟁과 외교정책전략에 영향을 미쳤던, '근대화' 이론을 대신할 대안을 마련해주었다. 근대화론이 틀에 박힌 방식으로 역사변화단계모델(stage models of historical change)로 돌아가는 것이지만, 반면에 그것은 국가의 경제적·문화적 변화를 강조하는 것이다 (이에 대한 검토로는 [Roxborough 1988] 참조). 이런 분석은 (학자들의 의도 여부와 관계없이), 정책지침으로서의 사회를 더욱 현대화하고 그에 따라 민주적 가치·관행·제도를 더 받아들여지기 쉽게 만들기 위해 고안된, 개입을 지지했다. 구체적인 개입으로는 언론의 자유나 '개인주의'의 예를 보여주기 위해 고안된 교육프로그램과 문화축제, 자선단체나 시민의 참여를 촉진하기 위한 노력, 그리고 무엇보다도 경제개발과 자유시장자본주의 발전을 촉진하기 위해 고안된 정책 등을 들 수 있다. 이런 논쟁에서, 정책목표는 무엇보다도 혁명, 특히 공산혁명을 피하는 것이었다. 그러나 혁명은 점점 더 정치사회학자들의 핵심적인 이론적·역사적 관심 대상이 되었다. (프랑스, 러시아, 중국에서) 과거에 극적이고 전면적인 사회혁명으로 이어진, 그리고 1960년대와 1970년대에 산업화된 민주국가 이외의 전 세계 대부분 지역으로 번져갈 것 같아 보였던 혁명으로 이어진, 요인과 조건은 무엇이었나? 이런 현대 정치사건들이 사회학자들을 혁명적 변화의 유무에 관한 퍼즐에 집중시킨 적절성구조(structure of relevance)를 형성했다.

체제변화로서의 혁명

정치권력체제의 여건은 변하고 있고 또 여러 가지 도전에 직면해 있다. 대내적으로는 사회적·경제적 발전이 행위자들 사이의 관계와 갈등을 변화시켜 정치동맹을 불안정하게 할 수도 있다. 대외적으로는 정치질서가 타국으로부터 또는 광범위한 세계적 변화로부터 도전을 받을 수 있다. 정치사회학에서 중요한 문제는 이 두 가지 압력·교란 요인이 어떻게 독특한 변화 패턴을 만들어내는가이다. 기존 정치질서와 정치참여·시위·'이탈' 가능성이 그 같은 변화 양상에 어느 정도로 영향을 미치는가?

이 질문에 대한 첫 번째 답은 일부 사회질서가 다른 사회질서에 비해 훨씬 더 안정되어 보이는 것 같다는 관찰에서 나왔는데, 안정된 사회는 정기적으로 조직을 개편하고 개혁하는 특징을 가지고 있다는 것이다. 후에 정치사회학으로 발전한 초기 학설 중 하나는 단순히 (대규모의 관개사업과 그 시스템의 건설 및 유지를 중앙집권적 조정에 의존하는) '수력사회(hydraulic societies)'나 '동양적 전제주의(oriental despotism)'의 특징이었던 역동성 결여를 비교하는 데 기반을 둔 것이었다 (Wittfogel 1957) (역자해설 3.1 참조). 이제는 논란의 대상이 된 아시아의 사회질서와 제국의 특징이라는 것들은 고대 지중해·유럽 사회의 역동성 — 즉, '서양의 부상'을 설명하는 데 핵심적인 특성 — 과 대조하는 데 사용되었다. 그러나 이렇게 정형화하여 대조한 결과는 사회가 역동적이라서나 그렇지 않다는 표식을 붙이는 연습이었지, 사회질서를 재생산하거나 변환시키는 조건과 과정을 보여주는 것은 아니었다. 이런 인식은 연구의 초점이 특정 체제들 사이의 변환·전환 유형에 유

역자해설 3.1

'수력사회'라는 용어는 실제 아시아 사회에서 관개시설 등의 국가주도 공공사업과 전제주의 정권 간에 상관관계가 없기 때문에 학계에서 널리 수용되지 않고 있으며, '동양적 전제주의'도 동양의 통치자들이 원활한 식량공급 확보를 위한 관개사업을 조직할 필요성 때문에 수립할 수 있었던 체제라고 주장하는 데서 나온 용어지만, 역시 학계에서 잘 수용되지 않고 있다 (고영복, 『사회학사전』 참조).

의하는 쪽으로 변했다는 것을 말해준다. 프랑스의 조직사회학자이자 정치사회학자인 크로지에(Michel Crozier)가 관찰했던 것처럼, "변화의 양 자체가 아니라 형태를 기본 변수로 고려해야 한다"는 것이다 (Crozier 1964: 226).

정치사회학에서는, 내부 갈등과 외부 도전이라는 압력에 대한 한 가지 대응형태 — 즉, 혁명 — 가 특별한 이론적 중요성을 가지고 있다. 영국의 '부르주아혁명'(1688년의 명예혁명)과 미국의 탄생(1776년에 시작된 독립전쟁) 같은 혁명은, 정부형태나 통치자들의 정체성에 변화를 초래한다는 점에서, 대체로 정치적이다. 그러나 사회혁명은 정치변화를 사회·경제·문화 생활 구성을 바꾸는 폭넓은 변화로 연결시킨다. 1789년의 프랑스혁명, 1917년의 러시아혁명 그리고 1949년의 중국혁명은 폭력투쟁을 통해서 전면적인 변화를 가져온 혁명 사례들이다. 혁명이 극적인 성격을 띠고 광범위한 영향을 미친다는 것을 생각하면, 많은 정치사회학자들이 이렇게 강렬하고 집중적인 변화가 일어나는 사회적 조건은 무엇인가라는 문제에 끌리는 것은 당연하다 (Goldstone 2001).

사회변화에 대한 설명이 더욱 더 일반화되어감에 따라, 혁명배경의 서술적 분석과 함께 혁명에 대한 사회과학적 연구가 시작되었다 (Brinton 1965). 그러나 배링턴 무어 같은 학자의 업적이나 활기찬 좌편향적 사회정치사 문헌과 맞물려, 많은 연구의 초점이 '민주주의냐 독재냐'라는 경로 문제에서 특정 혁명사례를 마르크스·엥겔스의 주장에서 도출해낸 예상에다 직접 연결시키는 쪽으로 옮겨졌다. 질문들은 흔히 비정상적인 현상들을 연결하는 형태를 띠었다 (Calhoun 1983: 901-902). 왜 마르크스이론에서 가장 강조되는 산업프롤레타리아(노동계층)가 아닌 소작농과 장인들이 종종 혁명의 중심으로 동원되었는가? 왜 사회주의와 공산주의의 이름으로 일어난 주요 혁명들이 산업노동자계층 착취의 상처가 가장 클 것으로 예상되는 가장 산업화된 사회가 아닌 저개발 농경사회(특히 러시아와 중국)에서 일어났는가?

두 번째 질문, 즉 왜 혁명이 저개발사회에서 일어났는가에 대한 가장 중요한 답변들 중 하나로 스카치폴(Theda Skocpol)의 『국가와 사회혁명(*States and Social Revolutions*)』(1979)을 들 수 있다. 그녀는 정치행위자인 상이한 계급들의 구성에 주목한 무어의 입장을 수용하여, 사회적 불만을 해결할 정부역량을 위축시키는 지주엘리트들의 능력을 중요시한다. 그리고 전쟁·상업경쟁 같은 국제 요인이 (반란과 혁명을 촉발할 수 있는 불만을 억제하는) 국가능력을 형성하는 방식도 강조한다. 이 점에서 혁명 상황의 근원에 대한 스카치폴의 분석 형태는, 몇 가지 결정적인 차이는 있지만, 무어의 것과 닮았다. 스카치폴은 기업농의 출현이 아닌 국제무역 범위의 확장에 따라 발생하는 압력을 강조한다. 그녀에 따르면, "이렇게 전 지구적으로 근대화가 진행되는 단계에서, 농업사회의 정부엘리트들은 근대화 세계로의 편입에서 나온 딜레마에 독자적으로 대응할 수 있었고 또 (어떤 의미에서는) 그럴 필요가 있었다"

(Skocpol 1976: 180). 그 다음 중요한 차이점은 중앙 무대를 차지하고 있는 엘리트들의 정체성에 있다. 스카치폴은 상업 엘리트와 지주엘리트 간의 동맹이나 경쟁보다는 정부엘리트와 대규모의 농경지를 소유한 지주 사이의 (때로 귀족적인 지위에 의해 결속되는) 관계를 강조한다.

『국가와 사회혁명』에서, 스카치폴의 분석은 정부엘리트의 권력 대 지주엘리트의 힘, 반대를 억제할 수 있는 정부의 능력 대 엘리트와 국가에 대항하여 동원할 수 있는 정도 등과 같은 권력수준 비교에 초점을 맞추고 있다. 그러나 앞장에서 논의했던 것처럼, 어떤 정치체제는 반항적이거나 혁명적인 동원을 극복하고 살아남을 수도 있다. 바키(Karen Barkey)는 정치형태의 하나인 제국을 분석하면서, 어떻게 이런 "통치체제가 … 주로 적응과 혁신이 가능한 유연성·능력" 그리고 "다양성·위기·변화에 대한 강인함에 힘입어" 오랫동안 지속되었는가를 강조했다 (Barkey 2008: 3). 한 지방의 반란이 그 지역 유지들의 지위를 박탈할 수는 있지만, 그렇게 쉽게 중앙을 뒤흔들거나 다른 지방으로 확산되지는 않는다. 공통 멤버십 문화에 의해 통일된 중앙집권적 민족국가에서 혁명운동을 동원해내는 것이 어려울지 몰라도, 만약 동원해낸다면, 그것은 기존 질서에 큰 위협이 될 수 있을 것이다. 여기서 정치사회학의 기본적인 통찰력을 다시 한 번 상기해보자. 기존 체제의 특징이 정치행동 가능성을 형성하고, 나아가서는 향후 정치변화의 궤적을 형성한다.

혁명을 부추길 수 있는 압력과 갈등을 억제하는 다양한 국가 능력에 주의를 집중한 점이 스카치폴의 확실한 공헌이었다. 그러나 그것과 다른 한 사회학 연구 방향은 혁명집단이 동원하고 (의도적이든 아니든) 국가의 약점을 이용하는 능력에 기여하는 요인들에 초점을 맞춰왔다. 여기서 중요한 논의 방향 하나가 이념, 경제, 군사, 정치 등 다양한 종류의 사회네트워크 연계로 구성되는 마이클 만(Michael Mann)의 권력조직 모델을 상기시킨다 (1장 참조). 혁명학자들에게 핵심적인 문제는 어떤 사회네트워크가 반란에, 그리고 더 일반적으로는 틸리(Charles Tilly)가 말한 "논쟁정치(contentious politics)"에 동원되고(Tilly 1995), 또 그것들로 "전환될"(Sewell 1992) 수 있는가였다.

이러한 연구 방향은 정치사회학자들이 혁명으로 관심을 돌리면서 들고 나온 첫 질문으로 이어진다. 예상치 못한 혁명가들과 급진적인 농민·장인들의 수수께끼는 역사사회학과 사회사의 교차점에서 새로운 형태의 학문이 대두하도록 부추겼다. 칼훈(Craig Calhoun)은 혁명가를 사회주의 미래 운동의 선봉으로 보는 대신, "전통적인 공동체가 광범위한 대중동원을 위한 사회적 토대를 제공하고 전통 가치가 그에게 급진주의를 제공한다"고 주장했다 (Calhoun 1983: 888). 이는 동남아 전역에서 공동체 엘리트가 수행하는 주요 역할에서 뚜렷하게 나타나는 패턴이고 또 권위주의정권에 대항하여 일어나는 동원에서 종교와 민족주의에 호소하는 패턴이기도 하다

(Slater 2009). 칼훈의 '전통'과 '근대성'이라는 틀이 제2차 세계대전 후의 역사사회학자들과 정치사회학자들을 겨냥했던 것이지만, 그가 사회관계와 일상적인 사회관행에 초점을 맞춘 것은 혁명연구에서 현저한 변화가 일어난 것과 맥을 같이 하는 것이었다. "공동체가 광범위한 대중화를 위한 사회적 토대를 제공한다"는 통찰은 혁명연구가 사회네트워크의 분석으로 전환될 것임을 예고했다.

1848년의 프랑스혁명과 1870년의 파리코뮌에 대한 비교연구에서, 굴드(Roger Gould)는 이 통찰력을 본래부터 혁명사회학의 중심이었던 도시노동자계급으로 되가져갔다 (Gould 1995). 도시노동자들의 중심적인 역할이 대체로 마르크스류의 혁명모델이론이 기대하는 것과 일치하지만, 굴드는 노동자들조차도 혁명이 그들의 이해관계를 표현하는 것이라고 자동적으로 이해하지는 않았다고 주장한다. 노동자들은, "독특하고 진정 새로운 사건 해석에 대한 신뢰가 높아지면서", 정치적 동원을 "그들의 혁명"으로 이해하는 결단을 내릴 필요가 있었다. 여기서 그들은 그 혁명이란 오로지 선거권 획득과 함께, 나아가 보다 넓은 사회혁명과 함께 완성되는 것이라고 본다. 특정 지역에서 함께 거주한 사실과 '전국워크숍(National Workshops)'의 창설을 통해 형성해온 연대에 기초하여, 이 같은 새 해석이 등장하고 뒤이어 동원이 이루어졌다. "파리의 빈민노동자들은 이 전국워크숍을 통해서 자신과 동료들을 (평범한 시민도 그리고 제화공, 석공, 재단사도 아닌 육체노동자, 즉) 순수하고 단순한 **노동자**로 인식할 수 있게 되었다"(Gould 1995: 33-34, 47).

그러나 이처럼 구체적이고 집단적인 정체성과 이해관계가 반드시 출현한다는 보장은 없었다. '전국워크숍'에서 동원된 혁명군은 반혁명적인 '이동경비대(Mobile Guard)'와 대치하게 되었다. 마르크스는 1848년의 프랑스혁명을 평가한 그의 저서 『프랑스의 계급투쟁(*The Class Struggles in France*)』에서 이런 차이들이 독특한 계급기반에 기인한다고 보았다(Tucker 1978: 586-593). '전국워크숍' 멤버들은 진정한 프롤레타리아거나 노동계급이고, '이동경비대' 멤버들은 **룸펜프롤레타리아**(*lumpenproletariat*)거니 미숙련노동자 및 경제적 소외자라는 것이다. 트로고트(Mark Traugott)는 이 두 조직의 관계자들이 가졌던 계급적 위치를 면밀히 연구한 결과, 그들 사이에 실질적인 차이가 없다는 것을 알았다. 대신 그는 '이동경비대'를 통해 동원된 사람들이 상대적으로 젊어서 고실업시점에 특별히 경제적으로 취약했던 반면, "반란 가담자들은 자기 분야에 오랫동안 종사해온 사람들로서 대체로 가족, 이웃, 그리고 전문네트워크에 열중하는 경향이 있었다"고 주장한다. 그러나 더욱 중요한 것은 "전문직 종사자가 주도하는 간부단이 일관성을 유지했고 평회원들을 민간인들로부터 격리시켰던 '이동경비대'의 조직 성격이었다"(Traugott 1980: 33, 38, 46; 또한 Gould 1995: 63-64도 참조)는 것이다. 혁명, 일상적 민주정치 및 시민참여 등 모든 경우에(4장 참조), 정치 지향적인 조직의 관계 구조와 문화가 그런 노력의 성격에 깊은 영향을 미친 것으로 판명되었다 (Eliasoph 1998 참조).

이러한 분석은 초집단적 네트워크가 반란에 성공할 가능성을 높여주는 경향이 있음을 시사한다. 그러나 많은 경우, 네트워크 유대관계가 참여 가능성을 낮추고 압력을 가해서 반란을 자제시킨다는 것을 아는 것이 중요하다. 굿윈(Jeff Goodwin)은 필리핀의 후크반란(Huk Rebellion)에 대한 분석을 통해서 이 점을 잘 보여준다. 제2차 세계대전 당시 공산주의자들 주도로 일본군에 대한 레지스탕스에서 시작된 이 전시 운동은 종전 후에 실시된 선거 참여 운동을 우선적으로 전개했다. 그러나 승리한 후보자들의 의회 진출이 저지되고 "종전 후 몇 달 동안 전에 후크에 가담했던 사람들과 농민운동에 대한 공격이 증가하자", 레지스탕스는 '인민해방군(PLA: People's Liberation Army)'으로 재조직되었고, 이로 인해서 병사들이 친족네트워크, 결혼 그리고 연애관계 등에 참여할 수 없는 기간이 연장되었다 (Goodwin 1997: 57-58). 그 결과로 나타난 '성 기회주의(sex opportunism)'는 반란에 대한 소속감에 손상을 입혔고, "후크운동을 약화시킬 수 있는 감정적 결속력이 분할될 가능성"을 높여주었다 (Goodwin 1997: 60). 비테르나(Jocelyn Viterna)는 여성의 엘살바도르내전 참여에 대한 연구(6장 참조)에서, 게릴라군의 모병패턴 형성과정에서 작동한 유사한 역학관계를 파악한다 (Viterna 2013). 튼튼한 가족관계를 가진 여성들은 부모와의 강력한 유대나 자녀에 대한 의무 때문에 "산으로 갈" 가능성이 낮았다. 대신 그들은 정보를 제공하거나 마을에서 협력자 역할을 하는 식으로 내전에 참여하는 경향이 있었다.

두 가지 접근방법 — 동원을 억제하는 국가의 능력에 중심을 둔 접근법과 동원을 위해 사회네트워크와 환경이 제공하는 자원에 중심을 둔 접근법 — 이 결코 양립할 수 없는 것은 아니지만, 이 두 가지 접근법 중에서 하나를 선택하라는 경험적 요구가 두 주장을 결합하는 데 상당한 문제를 일으킨다. 그러나 마코프(John Markoff 1985)는 풍부한 2차 문헌과 기록자료를 바탕으로, 1789년 프랑스혁명에서 중요한 부분이었던 농촌반란에 대해서 바로 그런 결합적 분석을 내놓았다. 배링턴 무어가 민주화를 결합적으로 설명한 것과 똑같이, 그의 연구결과는 혁명과정의 **결합적인** 성격을 강조했다 (Markoff 1985). 경제발전과 상업네트워크의 확대, 국가 통제의 성격과 범위, 그리고 국가권력 확대에 대한 저항 주체의 능력을 형성하는 네트워크와 제도 등이 농민반란이 일어날 가능성에 영향을 미쳤다.

스카치폴과 마코프의 연구는 경제관계와 국가구조의 억압능력보다는 혁명이념과 개인 차원의 불만이 수행하는 역할을 덜 중요하게 여긴다. 이와 같은 네트워크를 기반으로 하는 구조적인 분석에서는 문화적 요소가 필요할 수 있지만, 장소에 따라 혁명이 일어나고 일어나지 않는 이유를 설명하는 데는 별로 필요하지 않다고 판단된다. 다른 학자들은 그에 동의하지 않고, 이념 — 그리고 특히 합법통치가 없다는 의식 — 이 민족국가나 (감옥 같이) 국가와 유사한 위계조직에서 저항과 혁명을 일으키는 핵심 요소라고 주장한다 (Goldstone and Useem 1999). 그러나 단순히 혁명의 발생뿐만 아니라 참가자와 결과까지를 이해하는 데 있어서는 이념과 불만 문제가 전면으로 부각된다.

혁명들이 서로 별개가 아니라는 인식에서부터 그런 주장이 시작되는데, 특히 현대 사회혁명의 첫 번째 물결이 지나간 후부터 더욱 더 그렇게 인식하게 되었다. 스카치폴의 비교분석에서 각기 독자적인 "사례"로 간주되었던 거대 사회혁명들이 (Skocpol 1979) 그 후의 혁명에서는 문화적 인과요소로 작용했다. 프랑스혁명의 "합헌적" 성격은 새 의회와 법률의 확립과 함께 후에 다른 나라의 혁명가들이 비합헌적인 1917년 러시아혁명에서 추구했던 것과는 다른 목표를 지향하게 하는 데 기여했다. 소라비(Nader Sohrabi)는 이렇게 상이한 정치변화모델들이 초법적인 자원을 동원하고 기존 정치제도를 통해 권력을 확보하려는 노력에 대해 상이한 한도(parameters)를 설정했다고 주장한다 (Sohrabi 1995). "혁명가들은 구체제의 완전하고 갑작스런 전복을 원하는 대신, 과거의 통치구조를 비효율적인 것으로 만들려는 수단으로 의회를 창설하고 싶어 했다. 이런 집권경로는 1917년 러시아혁명 이후의 혁명들과는 전혀 다른 동력을 합헌적인 혁명에게 부여했다"(Sohrabi

1995: 1441).

5·4운동(1917~1921) 시대에 설립된 활기찬 시민결사체들로부터 중국 공산당원을 충원했던 패턴에서 이와 관련된 퍼즐을 찾을 수 있다. 여기서, 차이점은 (먼저 프랑스혁명을 모델로 하고 뒤에는 그와 전혀 다른 러시아혁명을 모델로 해서) 보내진 문화메시지에 있는 것이 아니라, 서로 다른 청중의 수용성에 있었다. 쉬샤오훙(徐曉紅, Xiaohong Xu)은 연구대상 28개 시민단체 중에서, 왜 어떤 단체의 멤버들은 공산당의 충원에 응했던 반면 다른 단체 멤버들은 그렇지 않았는가라는 질문을 제기한다 (Xu 2013). 쉬샤오훙은 조직들 간의 충원패턴을 비교하여, 이미 "멤버들의 공통적인 자기변혁 추구"에 전념했던 단체들, 그리고 "집단적인 규율과 헌신이라는 분파문화를 배양하고 훨씬 더 많은 규율과 헌신을 요구하는 새로운 형태의 분파문화 채택에 필요한 공감대를 형성하기에 충분한 결속력을 갖춘 단체들"에게, 공산당의 충원 노력이 가장 강한 호소력을 발휘했다고 평가했다 (Xu 2013: 776). 국가형성 프로젝트가 정치질서를 강화시키는 규율과 자기계발 형태를 촉진시켰던 것처럼(2장 참조; Gorski 2003; Ikegami 1995), 사회변화를 추구하는 활동가들도 혁명운동에 "선택적 친화성"을 가진 조직 환경에서 충원할 사람들을 찾아냈다.

여기서 정치질서와 정치변화가 반복되는 특성이 분명해져야 한다. 경제적·종족적·가족적 관계 및 기타 관계로 구축된 네트워크는 '사회적 우리'에 가둠과 '사회적 봉쇄' 과정을 통해서 공동의 사회재 제공뿐만 아니라 지배관계도 지속시켜주는 통제체제로 연결된다. 특정 시간과 장소에서는 그런 구조들이 안정된 것으로 보일 수 있으면서도, 그것들은 서로 얽힌 네트워크들로부터 만들어진다. 이때 그 네트워크들은 그런 정치질서에 도전하기 위한, 또 어쩌면, 그 정치질서를 변환시키기 위한 동원기회를 나타내기도 한다. 혁명사회학은 그런 종류의 도전에 초점을 맞추고 있고, 또 정치질서와 사회질서를 불안정화 하는 과정에 가장 큰 관심을 갖고 있다. 그러나 고전적인 배링턴 무어의 비교연구 제목을 상기해보면, 불안정 뒤에 따라오는 것, 즉 독재냐 민주주의냐도 역시 관심거리다. 미국이나 기타 지역에서 아직까지도 정치사회학의 가장 큰 구성요소인 민주정치에 대한 사회학적 설명으로 관심을 돌리기 전에, 이 장에서는 냉전 학자들이 생각하는 전체주의로 가는 경로에 대해 논의하기로 한다.

전체주의의 길

사회학적인 혁명연구는, 우리가 본 바와 같이, 민주주의냐 독재냐 같이 역사적으로 특별한 변화경로에 대한 질문에 의해 형성되었다. 뒤에 나오는 두 장은 민주주의 경로에 초점을 맞추겠지만, 20세기 말에 필연적인 종착점이라고 믿어졌던 민주주의가 이제는 그렇게 될 공산이 별로 크지 않다. 영국의 대처(Margaret Thatcher) 총리가 1980년대에 주장했던, 민주주의 외에는 "대안이 없다"는 말은 여러 민주화사례들에 의해서 타당하다고 인정받았다. 1975년 프랑코(Francisco Franco) 사망 후 스페인 파시즘체제의 민주화, 1980년대와 1990년대 중남미 여러 나라 독재정권의 민주화, 그리고 동유럽 국가사회주의체제의 민주화 및 소련 붕괴를 포함한 1989년 혁명 등이 그런 민주화의 사례들이다. 그러나 그 후 몇 십 년이 지난 다음, 많은 정치체제에서 민주주의 관행이 쇠퇴해 왔고(Lachmann 2011), 세계 각지에서 새 권위주의 지도자들이 나타났으며, 오랫동안 자유민주주의체제를 유지해온 나라에서조차 기본권과 자유가 억압받고 있는 것으로 보인다. 따라서 민주주의체제를 사회학적으로 자세히 살펴보기 전에 전제주의의 조직적·문화적 성격을 이해하는 것이 중요하다.

하나의 변종이라는 측면에서 보면, 전체주의는, 틸리가 말한, 극단적인 중앙집권적 직접통치체제 형태다 (Tilly 1992; 1장 참조). 허구로 그려진 것으로 보면, 전체주의는 오웰(George Orwell)의 소설 『1984년』에 나오는 전체주의적 독재체제거나, 보니거트(Kurt Vonnegut)의 고전 단편소설 『해리슨 버거론(*Harrison Bergeron*)』같은 체제다. 『1984년』에서는 모든 곳에 설치된 스크린들이 개별 주체들을 감시하고 지휘하며, 『해리슨 버거론』에서는 각 개인의 평등을 정부가 요구하는 수준으로 확보하기 위해 매력적인 사람들은 복면을 하거나 불구자가 되어야하고, 재능 있는 사람들은 장애인이 되어야 한다 (Vonnegut 1988[1968]). 사회학적으로 볼 때, 이처럼 강요된 평등 및 동질성 이미지와 부합하는 것은 국가가 주도하여 (중앙집권화된 국가권력으로부터의 자율성이나 국가권력에 대한 저항의 토대를 형성할 수 있는) 사회네트워크를 파편화하는 것이다.

정치질서의 한 형태인 전체주의는 특유의 "변화 패턴"을 만들어내기도 한다 (Crozier 1964: 226). 전체주의체제들은 전형적으로 (최소한 어느 정도 국가로부터 독립적인 정체성과 네트워크를 중심으로 조직할 수 있는 능력을 가리키는 용어인) '중간조직(intermediary organizations)'에 대해 적대적이다. 이런 점에서 20세기 전체주의는 옛날부터 통치자들에게 알려졌던 통치의식을 가지고 있었다. 이 점에 대해 마이클 만은 로마의 트라야누스(Trajan 또는 Marcus Ulpius Nerva Traianus) 황제와 소방대 편성을 허가해달라고 요청했던 주지사 사이의 서신교환을 인용한다. 이 요청은 당시 중요 도시가 화재로 황폐화되는 것을 감안한 합리적인 요청이지만, 트라야누스황제는 그 요청을 거부한다. "이런 단체들이 평화를 크게 어지럽혔다 … 우리가 그들에게 어떤 이름을 붙여주든, 그리고 그들의 설립목적이 무엇이든 간에, 그들은 결국 위험한 집단이 되고 말 것이다"라는 이유에서 였다 (Mann 1986: 324).

이러한 정신에서, 현대 전체주의체제는 지도자의 중앙집권적인 통치를 위협할 수 있는 결사체를 파괴하거나 포획하기 시작했는데, 그 파괴나 포획의 강도는 정권에 따라 매우 달랐다. 마오쩌둥(毛澤東) 치하에서 중국은 개인들의 의복이나 교육에서의 차이를 없애는 훨씬 더 극적인 프로젝트를 수행하면서, 엄청난 인구를 국가 주도의 대중조직에 등록시켰다. 그 결과 문화혁명(1966~1976)과 같이 중대한 정치혼란들은 중간조직이 이미 정착시켜놓은 기존의 정체성·이해관계 노선에 따라 진행되지 않았다. 그 대신, 학교·대학 같은 주요 기관과 대중조직에서 나타나는 갈등은 연대(alignments)를 특징으로 하는 것이었다. 월더(Andrew Walder)가 주장했던 것처럼, "1966년 여름, 권위를 안정시키고 사람들이 지위와 위치에 따라 정치적인 대응을 하도록 연결시켜주는 제도들이 전혀 새로운 방식으로 급속히 무너지고 있었다." 사람들은 입장이 다른 사람들에 대해서 반대 입장을 취할 수 밖에 없도록 압력을 받았다. "안정된 상황에서 행동을 확실히 예측할 수 있게 하던 신호들이 갑자기 엉망이 되어버렸다. 이것이, 새로운 정체성과 급박한 새 이해관계를 창출하는 분쟁에서, 실력자들에게 충성했던 사람들을 분열시켰다"(Walder 2009: 12-13). 자오딩신(趙鼎新, Dingxin Zhao)은 1989년의 천안문 학생운동 후반에 정치적 통제가 붕괴된 것을 검토하고, 그 현상이 시민조직과 정치적 반대를 지속시킬 네트워크가 거의 없는 파편화된 사회에서 발생한 동원과 비슷한 특징을 갖고 있었다고 주장한다. "1989년 운동은 감정과 소문과 전통적 문화요소에 의해 추동되는 경향이 있었다. 그 이유는 그것이 바로 높은 국가통합과 사회침투능력을 가진 권위주의국가, 중간조직이 제대로 발달되지 못한 사회, 그리고 국가 정통성이 도덕적·경제적 성과에 기초하는 환경에서 일어났기 때문이었다"는 것이다 (Zhao 2001: 355).

어디서나 볼 수 있는 중앙집권국가와는 대조적으로, 두 번째의 전체주의 변종은 국가의 시민사회 포획에 의존하는 것으로서, 바로 파시스트국가다. 라일리(Dylan Riley)가 주장한 바와 같이, 파시즘은 정치발전에서 시민사회가 중요하다는 것을 분석하기 위해 토크빌(Alexis de Tocqueville)이 세웠던 핵심 전제를 뒤집는다. 토크빌은 강력한 행정국가의 발전을 견제하는 (따라서 그런 강한 국가가 민주주의에 가할 위협을 제한하는) 것이 국가 밖 결사체들의 힘이라고 주장했던 반면, 라일리는 이탈리아의 정치철학자 그람시(Antonio Gramsci, 1891~1937)의 관찰을 바탕으로 해서 "강력한 결사영역(associational spheres)은 결사체들이 권위주의정당 건설에 적합한 환경을 제공하는 한 패권적 권위주의체제가 가능하게 할 수 있다"고 주장한다 (Gramsci 2005: 290). 이 모델은 정치를 국가 외부 단체들 간의 경쟁이라고 이해하는 것을 거부하고, 대신 시민결사체(civic associations)를 정당국가(party-state)의 충원 근거지 및 국가정책 시행과 국가의 감시·강제 능력 증대를 위한 수단으로 자리매김 했다.

모든 종류의 전체주의국가를 분석하는 데는 '국가'와 '사회' 관계가 핵심적이다 (Zhao 2001). 우리의 출발점이었던 이론적 이미지로 재구성하자면, 전체주의체제의 주요 특징들 중 하나는 네트워크 발전과 조직능력 발전 사이의 심각한 비대칭이다. 토크빌의 민주주의사회 이상이 독재적 행정국가(despotic administrative state)의 성장을 저지하는 방벽으로서 강력한 시민결사체를 필요로 하는 반면, 강력한 전체주의체제는 대안세력들을 지탱해줄 수 있는 네트워크가 취약한 환경에서 형성된다. 그러나 그런 제도적 환경에서도 대부분의 정치행동과 변화 가능성의 기본 요소들은 여전히 확실하게 존재한다.

1989년 11월 외견상 견고했던 동독 권위주의체제가 몰락하고 베를린장벽이 개방된 지 10주가 경과한 것을 두고, 파프(Steven Pfaff)와 김효정(Hyojoung Kim)은 불만이 퍼져있다는 것을 알고 있던 것과 그 앎이 전달되는 네트워크 구조가 만나는 시점에 초점을 맞춘다. 이 네트워크 구조는 또한, 칼훈이 말한 '반동급진주의자들'의 전통적 공동체처럼, 당국의 나약성이 감지되는 순간을 포착하기 위해 동원할 수 있는 기반을 제공한다. 그들은 동독의 비상한 감시능력과 그것이 정치동원을 가능하게 했던 방식을 인식하는 데서부터 자기들의 주장을 시작한다. "억압적인 일원조직체제(mono-organizational regime)에서조차도, 국가가 별로 한 일이 없다는 정보를 시민들이 얻는 것은 어렵지 않다. 어쩌다 비밀로 남아있는 것은 불만이 이웃에 얼마나 널리 퍼져있냐인데, 이것은 지역 외부와의 소통이 어려운 곳에서 특히 그렇다. … 그런 정보가 없으면, 사람들의 불만이 너무 개별화되어 있어서 집단행동을 촉발할 수가 없다"(Pfaff and Kim 2003: 408).

이러한 국가 감시체제는 다른 나라의 사건들, 특히 폴란드에서 10년 동안 계속된 솔리다리티(Solidarity)운동 같은 사건과 전 영토를 커버할 수 있는 기술이 없다는 점 때문에 제대로 능력을 발휘할 수 없었다. 동독 서부의 변두리에 살던 사람들은 대부분 서독 텔레비전방송을 볼 수 있었고, 뉴스도 다른 비밀 통로를 통해서 흘러나왔다. 그래서 국가사회주의의 나라 체코슬로바키아로 휴가 간 사람들이 그곳에서 서유럽으로 갈 수 있다는 소식을 접했을 때, '이탈' 기회를 노리던 일단의 사람들이 신속하게 탄력을 받아 움직였다.

이어서 이 이탈은 감시에 의해 만들어진 일부 파편화와 타인의 불만에 관한 정보 부족을 극복하면서 다른 행동을 유발했다. 파프와 김효정은 경제학자 쉘링(Thomas Schelling)의 말을 인용하여, "'사건'의 역할은 조정역할로 간주될 수 있는 것으로서, 명시적인 리더십과 소통을 대신한다. 사건 같은 것이 없이는 아예 행동을 취하기조차 어려울 수도 있다"고 설명했다 (Pfaff and Kim 2003: 409). 그러나 행동 — 이 경우에는 '이탈' — 은 동독에서 정치동원을 이끌었던 사람들로부터 나올 가능성이 가장 높았다. 그래서 "초기에는 국가에 대한 '충성'도가 가장 낮은 불만자들로부터 '이탈자'가 나올 가능성이 높다. … '이탈'이 충분히 일반화되면 크게 분개하면서도 조금은 '충성스런' 시민들도 나라를 떠날 수 있다. 이런 탈출이 운동의 앞날에 결정타가 될 수도 있다" (Pfaff and Kim 2003: 413)는 것이다.

여기서 다시 한 번 정치질서와 그에 대립하는 경쟁질서가 반복되는 과정을 뚜렷하게 볼 수 있다. 사회네트워크는 안정적인 중앙집권적 권력·통제 체제 구축에 가장 중요한 재료를 제공한다. 그러나 권력·통제의 조직 방식은 되돌아 사회에 영향을 미쳐서, 때에 따라 그들이 처음 만들어질 때 근거했던 사회관계의 관행과 패턴을 강화하기도 하고 약화시키기도 한다. 모든 종류의 전체주의체제에서, 이것이 강력하게 중앙집권적인 직접통치체제와 반대세력의 취약한 기반을 만드는 경향이 있다. 하지만 동원이 열기, 소문 또는 새로운 반대 시스템으로 발전할 때, 이처럼 강해보이는 정권들이 때로는 놀랄 만큼 부서지기 쉽다는 것이 밝혀진다.

엘리트와 국가가 불만 표출과 정치동원을 억제하려고 노력하는 데 대하여, 개별 또는 단체 행위자는 '이탈'·'항의' 행사를 포함한 다양한 방식으로 대응할 수 있다 (Hirschman 1970; 1장 참조). '이탈'은 주어진 '사회적 우리'로부터의 떠남이나 도피를 실제로 수반할 수 있다. '항의' 형태의 불만 동원은 기존 사회질서의 파괴 요구로 이어질 수 있다. 기존 구도에 대한 '충성'의 힘과 함께, 이탈과 항의라는 두 가지 대안 사이의 균형이 불만을 정치적으로 봉쇄하는 데 대해서 서로 다르게 대응할 가능성을 조성한다.

과거 수 세기에 걸쳐서 독재로 또는 민주주의로 갔던 경로를 되돌릴 수는 없다. 그러나 그 경로들은 외부의 압박과 기회뿐만 아니라 내부의 불만이나 갈등이라는 압력 밑에서 방향이 재설정될 수 있다는 잠재적인 취약점을 항상 안고 있다. 최근 수십 년 동안 많은 국가사회주의체제가 선거민주주의로 교체됨으로써 한때 전체주의였던 체제가 극적으로 반전하는 것을 보아왔다. 저널리스트 애쉬(Timothy Garton Ash)는 1989년의 극적인 변화를 "폴란드에서는 10년 걸리고, 헝가리에서는 10개월 걸렸으며, 독일에서는 10주 걸렸다"는 말로 요약하면서, 체코슬로바키아의 정치변혁이 훨씬 더 빨리 진행되기를 바랐다 (Ash 1990). 그러나 민주주의의 안정을 염려하는 사람들은 현실에 안주하지 말아야 한다. 이 체제는 사회네트워크와 공동 정체성이 재생되고 변혁되는 것도 요구하는데, 이 둘 모두 다른 정치적 역학관계에 의해 침식되거나 포획되기 쉽다. 민주적 거버넌스의 현재 모습과 가능한 미래를 조망하면서, 우리는 자유, 평등, 그리고 인민주권이라는 민주주의의 핵심 가치를 보존하고 강화하기 위해, 이 특별한 정치체제가 어떻게 작용하는지를 이해할 필요가 있다.

4장

민주정치에서 항의와 투표

민주정치는 분석적 차원에서 사회학에 강력한 도전을 제기한다. 이 도전은 자유민주주의를 사회학적 측면에서 이해할 때 특히 강력한 것이다. 자유주의적 정치체제가 우선적으로 시민이 권리를 가진, 합리적이고, 자급자족적인 존재라고 상정하고 시작한다면, 사회네트워크, 상호작용, 드러난 특성 그리고 공통적인 문화 같은 것들은 뒤로 밀려나게 되고, 때로는 전혀 이해할 수 없는 것이 되기도 한다. 그래서 그런 주제들 대신, 사람들이 투표를 할 것인가, 어떻게 투표할 것인가, 또는 투표 대신 다른 정치참여 형태를 선택할 것인가 등과 같은 문제를 두고 각자가 행하는 심의와 선택에 분석의 초점을 맞추게 된다.

근대 초기의 정치이론은 바로 개인들이 그렇다고 보는 데서부터 시작되었다. 루소(Jean-Jacques Rousseau)가 말했던 가상 상황을 상기해보자 (1장). 한 사람이 다른 사람의 포로가 된다. 억류자는 포로를 계속 지켜야하고, 포로는 억류자의 머리를 후려치고 숲으로 도망칠 기회를 엿본다. 여기에는 기존의 사회적 유대가 없고, 대신 사회계약이론가 홉스(Thomas Hobbes, 1588~1679)가 ('전쟁상태[state of war]'라고 상정되는) '자연상태(state of nature)'라고 표현한 상황에 두 사람이 있다. 이 시작점에서 가장 중요한 문제는 이렇게 권리를 가졌으나 반사회적인 개인들이 통치자로부터 안전을 보장받는 대신 자신의 자연권을 포기하는 환경이었다. 그런 사회질서를 만들어내는 중심 메커니즘이 '사회계약' 개념이었다.

이 이론은 자연권과 추론능력을 가진 독립적인 개인들의 동의를 통해서 사회질서가 만들어졌다고 상정한다. 이런 사고방식이 현대세계 여러 곳에서 당연하다고 여기는 민주주의체제의 토대가 된다. 이런 상정은, 신이 정당성을 부여한 왕국이 아닌 다른 정치질서 형태를 생각하던 많은 이론가들이 공통적으로 가지고 있던 것으로서, 연구자들이 학자로서 또 시민으로서 정치를 생각하는 방식에 계속해서 영향을 미친다. 물고기에게 물이라는 개념이 없다고 보기도 하듯이, 잘 사회화된 자유민주주의체제 구성원들이 각자 개별적인 시민의 입장을 넘어서서 (비민주주의세계나 민주화 이전 세계의 정치사회학 주제의 대부분이랄 수 있는) 네트워크와 '사회적 우리' 그리고 '사회적 봉쇄' 패턴을 보기는 어려운 일이다.

유명한 미국 민주주의 이론가 토크빌(Alexis de Tocqueville)은 '행위자로서의 개인'을 상정한 후, 어떻게 그들에게 정치적 삶의 사회적·관계적 차원이 스며들었는지를 보여주었다. 그는 유명한 자기 저서의 "미국 정치결사체에 대하여"라는 장을 다음과 같은 주장으로 시작한다. 즉, "미국인들은 태어날 때부터 스스로 삶의 고통과 장애를 극복해야 한다는 것을 배운다. 사회적 권위가 미국인들을 서로 불신하고 불안하게 만들며, 미국인들은 그 권위의 힘이 없이는 할 수 없는 경우에만 그 권위에 의존한다"는 것이다. 그러나 이처럼 강력한 개인주의적 비전에는 즉시 다음과 같은 단서가 붙는다. 즉, "장애물이 공용 도로를 차단하고, 교통의 흐름을 방해한다. 이웃들은 즉시 심의기구를 설치한다. 이 즉흥적인 모임에서, 이해당사자 이외의 어느 누가 당국에 신고하기 전에, 문제를 해결할 수 있는 집행권이 나온다"는 것이다 (de Tocqueville 2004: 215). 앞에서 개인주의와 자유가 핵심적인 정치적 가치라고 했던 주장 때문에, 뿌리 깊게 개인주의적인 사람들이 정부 요원이 행동하기 전에 나서서 협력하는 이 정치적 연금술이 가려질 수도 있다.

현대 민주정치에서 사회학을 복원하기 위해서는, 먼저 이렇게 사람들이 개별적으로 계산하고 결정하여 투표한다는 이미지를 다시 생각해 보고, 그런 시민들이 어떻게 사회를 형성하는지에 대해서 더 깊이 알아볼 필요가 있다. 그들이 처한 독특한 사회적 맥락과 과정이 어떻게 그들의 선택대안과 선택

시의 보유자원을 결정하는지 탐구해야 한다. 앞에 나온 장들이 사회네트워크가 독특한 정치질서로 구체화되는 것에 초점을 맞췄지만, 민주주의사회학은 복수의 네트워크에 속해있으면서도 제도적으로는 "독립적" 결정자인 개인에 대해 보다 더 초점을 맞출 필요가 있다.

앞 장은 체제와 혁명에서부터 시작했으니, 이 장은 제2차 세계대전 직후 미국 사회학계로부터 시작한다. 일부 학자들이 독재와 민주주의로 가는 경로를 알기 위한 비교 프로젝트에 참여하고 있는 동안, 다른 학자들은 연구 방향을 미국 민주주의의 작동 문제로 돌려, 그것이 다른 나라들에게 모범이 되고, 따라서 그 나라들이 소망할 수 있고 또 소망해야 하는 모델이라고 생각했다.

사회학적 투표모델

선거는 민주주의를 자유주의적으로 이해하는 데 있어 중심적인 요소였다. 따라서 사람들이 왜 이제까지의 방식으로 투표했는가가 수수께끼였다. 제2차 세계대전의 여파로, 사회과학자들은 히틀러(Adolf Hitler)가 여러 가지 이해하기 어렵고 위협적인 사건들에도 불구하고 독일에서 최고위직에 선출되었던 것을 통절하게 인식하고 있었다. 그들은 또한 이탈리아에 무솔리니(Benito Mussolini)의 파시스트정권을 탄생시킨 선거에서 재향군인들이 핵심적인 역할을 수행했던 것도 기억

했다. 가장 최근의 서유럽 전체주의체제 두 개가 모두 선거 승리에서부터 시작되었다는 사실은 선거 자체만으로는 내구성 있는 민주주의가 보장되지 않는다는 것을 의미했다. 그래서 사람들이 왜 특정 방식으로 투표 했는지를 이해할 필요가 있었다.

투표행태를 설명하는 사회학적 접근법은 여론조사와 설문조사의 발달과 함께 연륜을 쌓아왔다. 최초의 대규모 여론조사기관들, 특히 갤럽(Gallup)과 로퍼(Roper)가 1930년대 중반에 설립되었고(Igo 2007), 이런 연구방식은 제2차 세계대전 중에 실시된 주요 연구로 인해서 학계와 정책계에서 더욱 더 신뢰를 얻게 되었다 (Ryan 2012). 스타우퍼(Samuel Stouffer)의 『미군 병사(*The American Soldier*)』는 전쟁활동을 사회심리와 조직역학 측면에서 폭넓게 이해하고 평가하는 데 기여한 대표적인 책이다. 설문조사는 정치세계에 대한 정보를 독특한 방식으로 정리해준다. 측정 단위는 (나이, 성별, 직업, 교육수준, 소득, 인종, 종교 등과 같은) 속성과 선호·의견·행동기록이 부여되는 개별적 조사대상이다.

전후 정치사회학자들은 관계라는 측면에서 설문을 만들어 지역사회 지도자들이 타 유권자들에게 미치는 영향에 대해서 질문했다 (Lazarsfeld et al. 1944). 그렇지만 이론 연구의 상당 부분은 이런 속성을 집단멤버십 관련 전제들과 연계시켰다 (Berelson et al. 1954). 이런 연구방식은 '동종 선호'('유유상종'의 원칙)라는 전제에 따라 개별 응답자들이 자기와 비슷한 속성을 가진 (가족, 직업군, 종교단체, 여가활동단체 같은) 집단이나 범주에 속한다고 상정했다. 어느 '집단'에 속하느냐가 정체성이나 속성의 근원이라는 생각에 따라, 개인들이 자기와 같은 태도 및 정치적 선호를 가진 사람들과 접촉하고 대화한다고 전제했다. 이러한 통찰은 정치사회학자들과 정치학자들이 취하는 적어도 두 가지의 학문 노선을 만들어냈다. 하나는 심도 있게 비교하는 특성을 가진 노선으로서, (무엇보다도) 국가별로 시민들이 결사체에 가입하는 형태가 (교차적이거나 제휴적이라는 식으로) 다르다고 보고 미국의 경우는 어떤가라는 관점에서, 미국 민주주의의 특수성을 찾는 것이었다 (Almond and Verba 1965; Lipset and Rokkan 1967; Schattschneider 1960). 다른 하나는 상이한 사회적 태도들이 각기 투표 방식을 결정하고 정당을 선택하는 데 미치는 힘을 비교하는 노선이었다. 새로 개발된 회귀분석기법에 설문조사 방법을 적용하면서, 이 두 번째 연구 의제가 '사회학적 투표모델(sociological model of voting)'의 틀을 잡아주었다.

혁명이론은 상이한 계급들과 그들에게 주어진 경제적 이해관계를 확인하는 것에서부터 시작되는데, 이미 우리는 이 모델의 민주주의 이전 형태를 접해보았다 (3장). 무어 같은 학자들이 (각자의 이해관계 및 불만과 관련해서 형성된다고 생각되는 지주엘리트, 농민, 상인, 도시노동자 같은 '집단들' 간의 관계설정과 동맹을 보고) 어떻게 민주주의나 독재로 가는 정치궤적을 이해했는지 상기해보자. 이 '구조적인' 관점이 민주정치 연구로 이어져서, 경제적 위치에 따라 개별 시민의 정당에 대한 충성심과 투표행태가 결정될 것이라고 기대하게 만들었다. 이런 결과를 이해하기 위해 연구자들은 복잡한 모델 하나를 만들어냈다. 이 모델은 "출신계급이나 직업 같은 사회구조적 변수가 투표예측 깔때기 입구에서 작동하다가 최종적인 투표 선택이 결정되는 좁은 깔때기 끝부분에서 (정치적 태도와 당적 같은) 사회심리학적 속성으로 이어진다고 보는 것이다"(Manza et al. 1995: 140; '인과관계 깔때기'의 원 설명에 대해서는 [Campbell et al. 1960] 참조). 상당히 많은 사람들이 사회계급에 따라 정당에 가입하는 유럽 정치체제에서는 이런 패턴을 볼 수 있지만(5장의 주제), 계급이 여론과 투표행태를 거의 설명하지 못 할 때도 있다.

예상과 달리 구조나 사회경제적 위치와 정치적 행동 사이에 강한 연관성이 없다는 것을 이해하기 위해서 정치사회학자들과 정치학자들은 많은 이론을 개발해냈다. 어떤 학자들은 투표와 계급적 위치 사이의 관계가 미약하고 또 점차 더 약해진다는 것이 어떤 의미에서 계급의 틀로부터 개인들을 '해방'시키는 과정 때문이라고 본다. 그 과정이란 '부르주아화'나 사회적 유동성을 말하는 것으로서, "잘 교육된 시민의 능력 증대를 통해서 계급충성심이나 기타 사회적 특성과는 별개로(또는 별개가 되도록)" 정치적인 결정을 내리는 정치학습 과정을 의미한다 (Manza et al. 1995: 144). 또 다른 학자들은 환경운동, 동성애자권리운동, 또는 높아진 (계급 이외에 성별, 인종, 종교 등에 기반을 둔) 정체성의 중요성 등과 관련된 '탈물질주의적' 가치의 출현을 지적했다. 끝으로, 기타 학자들은 유권자들이 각기 자신을 소비자, 채무자 또는 현재·미래의 정부 혜택 수혜자라고 생각하면서, 경제 조직과 성격상의 커다란 변화가 그들의 선거 계산법을 변화시켰다고 주장한다. 만자(Jeff Manza) 등은 관계 문헌 검토의 끝부분에서 다음과 같이 온건한 결론에 도달한다. "이 시점에서 확실한 결론은 오직 한 가지뿐인데, 그것은 어떤 민주적 자본주의 국가에서도 전국적인 선거가 계급과 완전히 별도로 치러진 적이 없었다"는 것이다 (Manza et al. 1995: 158).

그러나 (때에 따라 전혀 다른 개념인 소득이나 직업으로 작업화 되기도 하는) 계급은 정치참여를 설명하는 데 필수적이지도 충분하지도 않다는 것이 입증되었다. 미국의 정치참여 패턴이라는 퍼즐을 풀기 위해서, 세 사람의 정치학자, 즉 버바(Sidney Verba), 쉴로즈만(Kay Lehman Schlozman) 및 브래디(Henry Brady)가 '시민 참여 프로젝트(Civic Engagement Project)'라는 중요한 조사를 실시했다 (Verba et al. 1995). 그들의 목적은 자원봉사, 편집자나 관리들에게 편지쓰기, 항의운동 참여 등과 같은 여러 가지의 정치활동을 결정하는 요인들을 이해하는 것이었다. 그들의 분석은 정치행태를 설명하는 데 있어서 수수께끼 같은 사회경제적 배경의 역할을 명확히 하는 데 도움이 된다. 사회경제적 지위(SES: socio-economic status)는 단독으로보다는 여러 경로나 "(실제 서로 얽혀있는) 참여요인들과 함께 작용한다. 예를 들면, 자원은 초기의 심리적 정치참여 및 정치충원 네트워크 상의 위치에 있어서 유리하게 작용한다"(Verba et al. 1995: 20). 이런 자원, 참여, 충원 등과 같은 요인들이 각각 교회 출석, 조합 가입, 또는 고등교육 추구 같은 가정배경 이외의 요인들에 영향을 받아 형성될 수도 있기 때문에, 사회경제적 지위의 진정한 설명력은 언급되지 않는 경우가 많다. 이와 같이 사회적 맥락과 개인적 유대가 다양한 방식으로 혼합되어 여러 가지의 정치활동에 중대한 영향을 미칠 수도 있다. 그러나 이런 요인들이 누가 정치기부금을 낼지는 예측하지 못하는 것 같다. 이런 정치활동에 대해 의미 있는 것은 가족 소득뿐이었다 (Verba et al. 1995: 28).

투표행태의 결정 요인에 대한 논쟁이 계속되고는 있지만, 이런 모델들은 정치가 어떻게 돌아가는지에 대해서 특정한 이미지를 공유하고 있다. 핵심적인 내용은 투표를 포함한 개인의 선호와 행위가 정치체제에 '투입(input)' 되어 공공 정책과 서비스를 '산출(output)'해 낸다는 것이다. 다음 장에서는 이에 대한 반론을 소개할 것인데, 그것은 어떻게 선호와 행동 자체가 공공정책의 산물인지를 강조하는 것이다. 그러나 그 전에, 이 장에서는 정치참여 연구에 대한 여러 가지 사회학적 접근방법, 즉 정치사회화, 조직적 참여 도구, 선호형성과 이해관계에 대한 문화적·인지적 접근방법 같은 것들을 조사한다. 이 조사와 함께 선거권 박탈과 같은 제도적 배제구조를 설명하고, 투표권과 참정권을 가진 사람들 중에도 '합리적인 무관심'이 존재할 수 있는 조건 등과 같이 사람들이 참여하지 않는 이유도 설명한다.

정치사회화와 시민의 구성

많은 정치체제들이 순종적이고 규율 있는 신민을 양성하려고 노력해온 것처럼(2장 참조), 민주주의체제도 아주 특별한 종류의 시민들로 구성된 사회에 뿌리를 내리려고 계속해서 노력한다. 여러 가지 체제들이 각기 독특한 방식으로 (예를 들어, 권리를 보유한다거나, 이해관계와 충성심에 의해 동기부여가 된다는 등의 방식으로) 개인들을 이해한다고 가정하는 것처럼, 각종 정치질서들도 각기 다른 독특한 종류의 사람들을 만들어낸다. 특정 정치조직을 가진 사회에서 태어난다는 것은 (또는 살아가는 중에 이사한다는 것은) 특정 **정치사회화** 과정에 노출된다는 것을 의미한다. 사람들의 정당정체성을 예측할 수 있는 가장 좋은 지표가 부모의 정당정체성이라는 많은 연구결과가 이런 요인들이 미치는 영향력이 얼마나 큰가를 보여준다 (Neuman 1986: 95-96). 그렇지만 최근 연구에서, 부모가 어떤 정당을 지지하는가에 대한 자녀의 인식(옳은 인식이거나 그른 인식이거나를 막론하고)이 중요하다는 점도 밝혀졌다 (Ojeda and Hatemi 2015). 종교와 민족전통이 정치문화에 미치는 영향이 이와 비슷하게 강력하고 오래

간다는 것도 밝혀졌다 (Elazar 1975).

정당정체성과 정치사회화에 대한 전후 1세대 연구에서는, 가족, 계급, 종교문화가 가장 중요하다고 여겨졌다. 그러나 이 전후 시대에는 신문과 라디오 외에 텔레비전까지 등장하여 특정 이슈에 대한 정치적 성향과 선호를 형성시키면서, 새로운 형태의 정치적 영향력이 확산되었다. 엘리트들 간의 양극화와 언론의 정치보도 양극화가 증대함에 따라 유권자들도 양극화 되었다는 주장에도 불구하고, 그런 인과관계를 보여주는 증거를 찾기가 어렵다는 것이 밝혀졌다 (Fiorina and Abrams 2008; Prior 2013). 그와 정반대의 인과관계, 즉 유권자의 양극화를 반영하여 매체가 점점 더 극단화된다는 주장도 폭넓은 지지를 받지 못하고 있다. 그 대신, 일부 학자들은 기술과 경제적 인센티브의 변화가 압도적으로 보수적인 라디오 전화토론 프로그램 수를 증가시킨다고 설명한다 (Berry and Sobieraj 2011). 그러나 정당(5장)과 사회운동(6장)을 논의할 때 밝혀지겠지만, 미디어 프레임(media framing)은 특정 맥락에 참여하는 시민들의 지식, 선호 및 성향에 강력한 영향을 미칠 수 있다.

정치사회화는 정당정체성과 언론 노출보다도 훨씬 더 깊은 영향을 미친다. 토크빌이 19세기 초 미국을 관찰한 바와 같이, 아이들은 놀이를 하는 중에 기본적인 민주주의 방식을 습득했다. 19세기 후반, 많은 학교들이 미국판 '랭카스터 모델(Lancastrian model)'에 따라 조직되었다. 한 학생을 선발하여 일정 기간 동안 (때로는 규모가 매우 큰) 학급을 감독하게 했다. 그 학생 감독은 자기가 담당한 주, 월, 학기가 끝나면 감독을 받는 학생으로 돌아간다 (Baker 1983: 92-94). 그래서 선거민주주의의 기본 원칙인 순환보직 관행이 학생들로 하여금 타 급우와 같은 일반 학생으로 복귀했을 때 보복 대상이 되지 않도록 책임감 있고 정당하게 그들의 권력을 행사하라고 가르칠 것이라고 생각했다.

계층구조와 분업 성격이 사회관계의 기본 형태를 결정하기 때문에, 거의 모든 사회배경이 특정 종류의 정치를 수행하고 특정 유형의 시민이 되는 방법을 배우는 맥락이 될 수 있다. 많은 역사문헌과 민족학문헌에 나와 있듯이, 여러 조직과 운동은 각기 자신을 정치적이라고 이해하는 구체적인 방식을 재생산해내며 서로 다른 공공 정체성모델을 가지고 있다. 이러한 통찰력은 시민사회 — 즉, 사적으로 조직되면서도 공적인 성격을 갖는 담론과 행동 영역 — 의 중요성을 내세우는 주장과 밀접하게 연관되어 있다 (1장 참조). 토크빌의 『미국의 민주주의』에 나온 유명한 사례를 보자. 토크빌은 1830년대 관세법에 반대하기 위해 전국적인 결사체가 조직되는 현상을 보고 경탄하면서, 개인들이 자신의 선호를 명확히 표출하는 표출하는 데뿐만 아니라 자신의 의견이 어느 정도 폭넓게 수용되었는지에 대한 증거를 얻는 데 있어서도 결사체가 매개체 역할을 한다고 주장했다. 동독 전체주의정권은 개인들이 다른 사람들도 자기와 같은 불만을 가지고 있는지를 판단하기 어렵게 만들었다 (3장). 그러나 이와는 대조적으로, "미국에서는 소수파 시민들이 주로 자신들의 수적인 힘을 확인하여 다수파의 사기를 약화시키기 위해 제휴하고" 또 다수파 설득에 가장 유리한 주장을 도출하는 "아이디어 경쟁"을 촉진하기 위해 제휴한다는 것이다 (de Tocqueville 2004: 218-220). 그런 결사체들이 일종의 시민학교 역할을 수행하게 만들어서, 시민들은 주장하고, 주장을 평가하고, 또 좋은 주장이 다수를 형성하여 민주선거를 통해 표현되도록 인내하는 법을 배운다.

그러나 다른 조직 환경에서는, 개인들이 보다 복잡한 교훈을 배울 수 있으며 또 자기 모순적인 방식으로 시민이 될 수 있다. 청소년과 함께 일하는 비영리단체 연구에서, 엘리아소프(Nina Eliasoph)는 자기가 "권한 부여 프로젝트(the empowerment project)"라고 명명한 모델이 유행했다고 썼다. 그 모델은 "정부기금, 비영리기금 및 개인기금을 복합적으로 사용하여 모든 사람들의 개인적인 감정과 자아감각을 변형시키고, 그들에게 '권한을 부여'함으로써 그들의 사회적 병폐를 치료한다는 모델이다. 이 프로젝트의 목적은 참가자들이 서로에게로 다가가고 또 정부로 다가가게 하여 민주적인 방식으로 결정을 내릴 수 있게 한다"는 것이다 (Eliasoph 2011: 4). 그러나 이 '권한 부여 프로젝트'는 집요하게 사람들이 자기 문제에 대해 스스로 책임을 지게 함으로써 ─ 그래서 그런 문제들이 깊이 뿌리박힌 불평등 시스템의 결과일 때조차도 '그들 자신이 문제'라고 생각하게 함으로써 ─ 민주적인 사회화의 기회와 한계, 심지어 무기력까지도 보여줄지 모른다.

이 분석의 힘은 서로 다른 조직들에 각기 뿌리내린 상호작용 패턴이나 '예절'을 (Eliasoph 1998) 자아형성의 결과에 그리고 (정치적 의미를 가질 수 있는) 기술과 성향을 숙달한 결과에 연결시킨 데 있다. 일부 비영리 사회복지단체들이 추진하는 '권한 부여 프로젝트'가 종종 당초의 목표에 미치지 못한다고 판명된다면, 다른 곳의 다른 사업을 더 활성화시킬 수도 있다. 시리아니(Carmen Sirianni)의 공공참여 분수계관리(watershed management) 연구에 의하면, 환경보호청(Environmental Protection Agency) 같은 연방기관은 "일반 시민 및 시민결사체와 함께 공공문제에 대한 공동 인식 재구성 작업에 참여하고, 협력적인 문제해결을 돕는 데 사용할 수 있는 도구를 공동제작하고, 신뢰와 학습을 광범위하게 활용할 수 있는 네트워크 구축에 도움을 주고, 협력·심의 도구를" 보다 관료적·기술관료적인 연방 거버넌스 관행과 "연계시킬 수 있다"(Sirianni 2014: 227). 이와 같이 정치활동 조직과 시민활동가 구성 사이의 관계에 초점을 맞춰보면, 참여정치의 조직분석과 (Gorski 2003; Ikegami 1995 같이) 푸코(Michel Foucault)에서 영감을 받아 절제된 자아형성을 위한 특별 정치프로젝트를 발굴하는 역사학 연구 사이에는 이론적인 친화성이 있다. 그러나 이 두 가지 연구방법의 연결에는 큰 위험이 따른다. 왜냐하면 이 연결이 (공공 지향적이지만 사적으로 관리되는 결사체의 영역인) 시민사회가 국가로부터 독립된 영역이고, 국가에 대한 비판을 지속하며, 독립적인 정치행위, 심지어는 정치적 반대행위를 동원하는 능력을 배양한다고 보는 상정을 약화시키기 때문이다.

기술 배양과 참여 패턴 측면에서, 시민결사체들이 계속해서 '시민적(civic)'인가라는 문제가 정치사회학과 조직분석 간의 교류를 활성화시켰다. 사회운동단체와 새로운 형태의 시민결사체에 대한 연구(Lee 2015; Polletta 2002; 6장 참조)는, 조직모델들 자체가 정치적 정체성과 정치질서의 이상에 대한 주장으로 구성된다는 것을 인식하면서(Clemens 1996), 조직의 정치생활 형성 방식을 탐구해왔다. 여기에서 연구결과는, 엘리아소프의 '권한 부여 프로젝트' 분석에서처럼, 민주적 관행을 직접 육성하는 것이 어렵다는 것을 시사한다. 예를 들어, 캐롤라인 리(Caroline Lee)는 『스스로 하는 민주주의(*Do-It-Yourself Democracy*)』(2015)에서 "대화와 심의" 산업을 연구한다. 비록 이 산업의 이름이 생소할 수도 있지만, 실제는 그렇지 않다. 허리케인 카트리나 이후 뉴올리언스에서 온 피난민을 휴스턴의 대규모 컨벤션 홀에 수용한 것처럼, 9·11 이후 뉴욕시를 생각하는 주민과 기업주들을 맨해튼에 모이게 한 것처럼, 관련 시민과 이해당사자들을 모은다. 그런 다음 그들이 테이블에 둘러앉아서 주최자가 제공하는 메시지나 질문에 대해 아이디어를 내도록 한다. 진행자는 거기서 나온 의견을 수집하고, 그때그때 보조자가 업데이트한 합의사항을 이젤로 받친 종이판이나 파워포인트 슬라이드로 보여준다. 그 다음 그렇게 모아 누적된 결과들을 상담가들이 분석하고 정리하여 애초에 '비전' 과제를 의뢰한 기관이나 단체에 제출한다. 캐롤라인 리는 (회의와 훈련과정 모두에서의) 참여 관찰, 인터뷰, 문서보관 작업 및 타 연구자들과 공동으로 실시한 설문조사 등을 조합해서, 1960년대와 1970년대의 폭넓은 반문화(counter-culture)와 기업경영기법으로부터 이런 관행의 뿌리를 추적한다. 그러나 그녀의 분석은 계보학을 넘어 새로운 직업정체성과 산업의 구성을 조사하고, 이러한 직업모델들이 어떻게 현대정치에서, 특히 재정이 부족하고 시민들을 정부의 "고객"으로 관리할 필요가 있는 시점에, 긴장을 관리하는가를 보여준다. 심의연습을 의뢰하는 사람들은 때때로 참가자들에게 제시되는 질문의 틀과 선택지의 구조에 영향을 미친다. 이 심의경험이 당장에는 운동 참가자들에게 힘을 실어줄 수 있지만, 다른 한편 그것을 효과적인 정치행동으로 옮기는 데 필요한 동원망으로부터 참가자들을 단절시킬 수도 있다.

가족, 학교, 시민단체 등에서 일어나는 정치사회화에 대한 연구는 능력있고 숙련된 시민을 형성하는, 또는 형성하지 못하는, 과정을 보여준다. 그러나 민주적 참여를 위해 이런 역량을 발휘하는 데는 그런 정치사회화를 동원형태에 활용하는 조직 환경이 필요하다. 이 조직 환경이란 정치적 의사 결정자들에게 의미 있는 압력을 행사하고 정치적 의제를 형성하는 데 도움이 되는 능력을 가진 환경을 말한다. 경우에 따라서, 참여경험과 그에 따른 정책 결과 사이에 의미 있고 실질적인 연관성이 부족함으로 인해, 상호작용 맥락이 이런 새로운 기대가 어긋나는 쪽으로만 민주주의 기술을 몰아갈 수도 있다. 다른 맥락에서는, 참여 조직은 의미 있는 결과를 내도록 실질적인 영향력을 발휘하면서, 정부기관이 시민활동에 더 많이 참여하고 더 많이 투자하도록 장려하는 선순환을 만들어낸다. 그러나 정책형성에 참여할 수 있는 기회가 항상 — 심지어 때때로라도 — 이미 권력을 쥐고 있는 사람들의 선도로 만들어지는 것은 아니다. 시민과 운동가들은 참여와 정책을 연결하기 위해 새로운 집단동원 형태를 찾아내고 만들어서, 그 결과 민주정치를 위한 풍부한 "논쟁거리"나 "조직 레퍼토리"(Clemens 1993; Tilly 1995)를 구축한다.

조직 레퍼토리

사람들은 단체에 참여하여 다른 사람들과 유대관계를 맺는다. 많은 학자들의 연구에서 보는 것처럼, 네트워크 유대의 양과 질 — 즉, '사회적 자본' — 은 사람들이 제도화된 정치에 성공적으로 참여하는 능력에 있어서나 효과적으로 논쟁정치에 동원되는 능력에 있어서도 모두 중요하다 (Putnam 2000). 결과적으로, 정치체제가 미치는 가장 중요한 효과들 중 하나는 서로 다른 범주의 시민집단 안에서 그리고 시민집단들 사이에서 사회적 유대관계를 발전시키거나 저해할 수 있는 능력에 대해서 미치는 효과다. 체제는 결사의 자유를 촉진하여 다양한 교차횡단적인 유대관계 형성을 장려하거나 자치집단의 존속을 제한하고, 그에 따라 전체주의체제에서 흔히 보는 것 같이 사회적인 시민동원도 제한할 수 있다 (3장 참조). 다른 경우에는, 접근권의 분포가 그룹 간 유대보다는 그룹 내 유대 개발을 촉진할 수 있다. 사회생활 구조뿐만 아니라 통치조직도 사람들이 자신을 정치행위자라고 이해하는 방식과 정치적 결과를 형성하는 동원 패턴에 영향을 미친다.

그러나 정치질서를 만드는 사람들이 통치시스템을 구축하기 위해 광범위한 사회네트워크를 끌어들이는 것처럼, 정치에 영향을 미치려는 사람들도 집단행동을 조직하기 위해 그와 비슷하게 창조적으로 새로운 모델을 찾을 수 있다. 민주정치체제가 때로는 유권자들의 선호를 반영하지 않더라도, 상대적으로 힘이 없거나 불리한 처지에 있는 시민들이 정치적 권리·영향력·이익을 확보하기 위해 효과적으로 동원하는 방법을 찾아내는 경우가 있다. 클레멘스(Elisabeth Clemens)는 1997년에 출판한 『인민 로비(*The People's Lobby*)』에서 미국의 정치발전시기 중 그런 현상이 벌어졌던 한 시기를 탐구했는데, 그 현상이란 19세기 후반과 20세기 초 선거정치와 입법정치에 대규모의 대중회원제 봉사단체를 동원했던 것을 말한다. 클레멘스는 1890년대의 포퓰리즘과 그 후 20년 동안 풍미했던 진보주의의 성격을 규정해준 농민단체, 조직노동자, 여성단체의 영향을 두루 살펴본 후 의외의 패턴을 찾아냈다. 자원, 권리, 지지자를 가장 많이 보유한 단체들이 정치적으로 가장 크게 성공할 것이라는 가정이 맞지 않고, 사실은 그 반대였다. 조직화된 여성들이 자원에 대한 접근권도 갖지 못하고 정치행위자로서 투표권과 문화적 정통성도 결여하고 있었지만, 그들은 투표권을 쟁취하는 데 성공했고 남성들의 음주권을 박탈하는 데에도 중요한 역할을 했다. 그에 비해서 조직노동자들은 훨씬 더 거세고 성공적인 반대세력과 대립하게 되었다.

클레멘스는 진보정치로 이름 높은 몇 개 주에서 동원하기 위해 경주한 노력과 그 결과를 비교하여, 상대적으로 불리한 정치행위자들이 새로운 조직 방식을 발견함으로써 영향력을 획득했다고 주장했다. 이러한 새 모델들은 경우에 따라 조직 형태가 한 사회 영역이나 분야에서 다른 사회 영역·분야로 옮겨가는 것을 포함하고 있다 (Sewell 1992). 여성들은 강한 성 지향적 정치행위의 금지를 피해가기 위해 **마치 기업인 것처럼** 조직하였고, 농부와 산업노동자는 무자비하게 경쟁적인 자본주의시대에 문화적 연대모델(cultural models of solidarity)을 끌어들이기 위해 마치 그들이 친목단체인 것처럼 조직하였다. 동원된 이익집단은, (신문과 강의망 외에 사회운동에 조직적으로 영향을 받는 광범위한 공교육체계까지 갖춘) 자리가 잡힌 시민사회를 이용하여, 이슈들을 의제에 올릴 수 있었고(가벤타[John Gaventa]의 제2단계 권력), 또 장기적으로 피할 수 없어 보였던 위험을 해결 가능한 문제로 바꿨던 공식·비공식 교육을 통해서 선호를 변화시킬 수 있었다.

이렇게 상대적으로 (경제적 지위, 성별, 나이, 인종, 또는 다른 어떤 정치적 배제 기반에서 보아도) 불리한 입장에 있는 행위자들이 아직 분명하게 정치적이라고 인정되지 않은 사회적 재료를 가지고 즉흥적으로 대처하는 능력은 사회운동을 일으키고 정치를 변화시키는 데 있어서 중요한 원천이다. 이러한 역학관계가 6장에서 더 자세히 다뤄질 것이지만, 중요한 것은 정치혁신과 기업가정신의 힘을 찬양하는 속으로 휩쓸려들지 않는 것이다. 처음에 정치조직화에 대해 창의적이어야 한다고 촉구한 것은 흔히 깊고, 내구적이며, 해로운 정치적 억압·배제 체제 때문이다. 민주적 가치와 참여를 공식적으로 찬양하는 체제에서도, 그처럼 행위자는 물론 이슈까지도 배척하는 과정이 특별히 정치적인 차원의 불평등을 만들거나 불평등이 심화되도록 작동한다.

선거인 구성: 정치참여에 대한 제도적인 제한

정치사회화에 대한 논의를 통해서 배운 바와 같이, 가족부양과 일상생활은 사람들이 적극적으로 정치에 참여할 때 취할 수 있는 태도를 형성하고 보유할 수 있는 기술과 가치를 형성하는 데 도움이 된다. 그러나 넓은 의미에서, 그 누구도 진정으로 정치에서 벗어날 수가 없지만, 그렇다고 해서 모두가 실제로 조직적인 정치생활에 참여하는 것도 아니다. 정치사회학에서 가장 중요한 문제는 누가 왜 참여하느냐 같은 것들이다. 그와 마찬가지로 누가 왜 참여하지 않는가를 아는 것도 필요하다.

이런 질문들에 대한 대답들은 참여할 권리를 관장하는 규칙에 초점을 맞춘다. 미국혁명이 정확하게 민주주의혁명이라고 말하지만, 그것이 가져다준 것은 상당히 제한된 민주주의일 뿐이다. 각종 선거에서 투표권은 주별로, 읍별로 다르고 주와 연방 간에 서로 다른 여러 가지 방식으로 제한되었다. 그러나 일반적으로 투표권은 성인 백인 남성에게만 주어지는 것이 보통이었고, 때에 따라 토박이나 일정 기간 동안 국내에 거주한 사람들에게만 주어졌으며, 또 때로는 재산소유자들에게만 부여되었다. 이 재산소유 자격조건은 특히 재산세와 관계 있는 지방선거에서 계속 유지되었다. 대부분의 여성들에게는 투표권이 부여되지 않았지만, 자신 명의로 재산을 보유하고 있을 때는 부여되기도 했다. 아프리카계 미국인, 원주민, 기타 소수민족, 최근(얼마나 최근인가는 경우에 따라 다르지만) 이민자, 중죄인, 정신질환자 및 극빈자도 종종 참정권이 거부되었다. 이 시점부터 미국정치사는 대체로 점진적이면서도 많은 이견이 제기되었던 투표권 확대라는 관점에서 집필되었다. 그러나 기본적인 정치참여가 의무사항인 나라도 있다. 예를 들어, 벨기에, 터키, 호주에서는 투표가 법적 의무여서, 최근 선거에서는 투표율이 80~90퍼센트에 이르고 있는데, 이는 투표율이 50퍼센트대 혹은 60퍼센트 미만인 최근의 미국 대통령선거와 대조된다 (DeSilver 2015).

이러한 민주적 배제(democratic exclusion)의 역사는 정치질서 구축에 중추가 되었던 관계모델의 관점에서 이해될 수 있다. 민주주의도 다른 질서체계와 마찬가지로 비민주적인 사회네트워크로부터 만들어지는 경우가 있기 때문에 불평등주의적인 요소들을 가지고 있을 수 있다. 백인 남성들의 투표권마저도 제한하는 투표 자격조건들을 한 번 살펴보자. 흔히 특정 나이에 도달해야 투표권이 부여되는데, 이는 결혼하여 부모가 된다는 의미를 갖는 성인이라야 한다는 것이다. 때로는 재산 소유가 자격조건이었다. 19세기 미국의 많은 주에서 결혼한 백인 성인 남성도 극빈자라면 선거권이 박탈되었다. 때로는 매우 세밀한 구분을 적용하여, 식사 제공 대가로 가사를 돌보며 초라한 집에 사는 사람들도 선거권 박탈 대상으로 간주되었고, 전적으로 자립능력이 없는 사람들도 투표가 금지되었다 (Keyssar 2000: 61).

성인 백인 남성들이 평등하다는 개념은 정치이론가 스미스(Rogers Smith)가 "귀속적 계층(ascriptive hierarchies)"이라고 명명한 계층, 즉 ('극빈자'를 중요한 하위계급단위로 하는 '피부양자'를 제외한) 성별과 인종은 물론 고용상태 같은 기준별 하위계층 위에 구축된 것이다 (Smith 1993). 따라서 유럽과 북아메리카의 민주주의 역사는 선거권을 점진적으로 확대하여 결국 모든 시민들에게 부여한 역사인데, 선거권 부여 과정은 국가별로 걸어온 경로가 다르고 진행된 비율이 다르다. 예를 들어, 영국에서는 거의 한 세기에 걸쳐서 재산소유 기준을 훨씬 더 낮춰서 투표권을 보다 많은 남성들에게로 확대하기 위한 투쟁이 전개되었다. 1918년이 되어서야 모든 21세 이상의 남성과 30세 이상의 여성에게까지 투표권이 확대되었다. 남성과 여성의 투표 연령이 같아지기까지는 또 다시 10년이 걸렸다. 반면 프랑스에서는 혁명으로 인해서 1792년에 모든 남성들에게 보편적인 참정권이 부여되었다. 그러나 프랑스 여성들은 1944년까지 남성과 동등한 정치적 지위를 획득하지 못했다. 두 나라의 경우 모두 민족국가가 제국의 중심국가였다는 것은(2장), "보편적"이라는 말이 사실상 출생지, 인종 또는 민족에 따라 정말로 보편적일 수도 그렇지 않을 수도 있다는 것을 의미했다.

미국에서는 역사적인 새 조직형태인 전국사회운동(Young 2006)이 참정권 확대 및 그와 관련된 사항들을 요구하는 두 가지의 주요 동원 — 노예제폐지운동과 여성인권운동 — 을 지원했다. 이 두 운동은 때에 따라 동시에, 연합하여 또는 정반대로 활동하면서 정치참여가 배제된(가벤타의 2단계의 권력에서 배제된) 사람들이 정치적 동원을 위해서 어떻게 새로운 공간과 수단을 창조적으로 찾을 수 있는지를 보여준 중요한 사례들이다 (6장 참조). 비록 (민권, 여성권리 그리고 이민자투표권을 위한) 이 모든 해방운동 이야기가 마치 완전하고 동등한 정치참여 형태를 최종 목적지로 삼는 것처럼 구성되지만, 미국 유권자들의 현 상태는 이 기대를 의심케 한다. 19세기 초 선거에서 잭슨민주주의(Jacksonian democracy)

가 승리하면서부터 수십 년 동안 백인 성인 남성 유권자들의 투표율이 계속해서 높았었는데, 이는 주로 북부 주들에 나타났던 현상이었다. 아프리카계 남성들에게 처음에는 법률상으로 그 다음에는 실제로 투표권이 확대되었지만, 투표장에서의 협박, 투표가 별 의미가 없을 것이라는 회의, 그리고 설사 의미가 있다고 해도 별게 아닐 거라는 생각 때문에, 이제 막 투표권을 얻은 사람들의 투표율은 여전히 낮았다. 1920년 모든 성인 여성에게 투표권을 부여한 연방헌법 개정 후에도 그리고 1971년 18세에서 21세 사이의 젊은이들로 투표권을 확대한 후에도 비슷한 패턴이 이어졌다 (Rosenstone and Hansen 1993). 그러나 시간이 흐르면서 후보들이 더욱 다양해지고 또 유권자들을 투표장으로 몰리게 하는 관심사가 변화하면서, 투표율은 인구통계학적 범주별로 더 큰 차이를 보이게 되었다 (Burns et al. 2001).

누가 투표하는지를 보여주는 증거에 비춰보면, 투표하지 않는 문제는 더욱 더 이상해진다. 여론 조사에서 자신을 '투표 예정자'라고 밝힌 사람들이 '낮은 세금, 적은 서비스'를 선호할 가능성은 '높은 세금, 많은 서비스'를 선호할 가능성보다 10퍼센트 이상 높다. 이에 비해 유권자등록을 하지 않은 사람들은 '높은 세금, 많은 서비스'를 그 반대(낮은 세금, 적은 서비스) 경우보다 훨씬 더 선호한다 (McElwee 2014; Page et al. 2013). 합리적 투표자모델 또는 '지갑정치(pocketbook politics)' 모델은 정부 서비스를 가장 강력하게 원하는 사람들이 서비스를 얻기 위해 동원할 가능성이 가장 높다고 예측하지만, 실제에서는 그 반대일 가능성이 훨씬 더 높은데, 특히 대통령선거보다는 중간선거에서 더욱 그렇다.

이런 수수께끼 같은 패턴을 무엇으로 설명할 것인가? 답의 일부는 이슈들이 "가정과 가깝다"고 생각되는가(Eliasoph 1997) 아니면 멀다고 생각되는가라는 이해과정에서 찾을 수 있다. 소득이 높고 재산이 많은 사람들은 조세제도가 그들의 즉각적인 행복에 미치는 영향에 더 잘 적응하고, 다음 장에서 보게 되겠지만, 정부 프로그램으로부터 받는 혜택을 정부 서비스라고 인식할 가능성이 낮다. 이처럼 투표를 하거나 안하는 패턴이 나오게 하는 두 번째 원인은 투표권 행사에 필요한 기술석인 사항들이다. 투표하기 어렵게 만드는 장애물들 중 극단적인 사례는 민권운동이 성공하기 전 남부 주에서 아프리카계 미국인들이 투표할 때 겪은 어려움에서 발견할 수 있다. 아프리카계 미국인들은 공식적으로 투표권을 가졌더라도 투표하기 위해서는 등록을 해야 했는데, 그것은 주 및 군 공무원들이 때로는 관료적으로 또 때로는 강압적으로 정치참여를 감시할 수 있게 하는 일종의 "기술적인 요건"이었다 (Morris 1993). 미국 남부의 민권투쟁에서 가장 극적인 장면들은 아프리카계 미국인들이 투표 등록을 할 때 필요한 용기와 그 과정에서 흔히 겪게 되는 많은 걸림돌, 위협 그리고 보복을 중심으로 하는 것들이었다 (Payne 1995). 법을 해석하고 법 집행을 통제하는 지방 관료들의 권력은 아프리카계 미국인들이

'작은 활자(fine print, 유권자에게 불리한 조건 등을 작은 글씨로 기록한 주의 사항 – 역자 주)'로 인쇄된 정치적 평등 조항에 초점을 맞춰 대대적으로 새로운 동원을 일으키게 만들었다. 이 전략과 관련하여 특히 주목할 만한 사례는 1993년의 '유권자 등록법(Motor Voter Law)'에서 찾을 수 있다 (역자해설 4.1 참조). 이때 사회학자, 정치학자, 사회정책시행자 및 활동가의 경력을 가진 피븐(Frances Fox Piven)과 클로워드(Richard Cloward)가 이끈 선거개혁은 정치적 영향력을 동원할 수 있는 빈민들의 역량에 대한 오랜 관심을 사회사업에 관한 시위나 재정적인 압박을 통해서 더 많은 유권자가 실제로 투표소에 가서 투표하도록 만드는 전략으로 확대시켰다 (Piven and Cloward 1977). 이 법은 투표권자들이 운전면허증이나 기타 공적 지원을 신청할 때, 주 공무원들이 유권자등록 자료를 그들에게 제공하도록 의무화했다 (Piven and Cloward 2000). 심지어 여기서조차도, 특히 자동차나 근처에 대중교통편이 없는 사람들이 그런 시설에 접근하기 어렵

역자해설 4.1

우리말로 '유권자 등록법'이라고 불리고 있는 Motor Voter Law는 The National Voter Registration Act of 1993 (NVRA)의 약칭이며, 이 법은 각 주의 차량국(DMV: Department of Motor Vehicles)을 찾는 주민들이 자동적으로 유권자 등록도 마치도록 규정하고 있다.

다는 점에서, 일견 평등해 보이는 등록기회가 새로운 형태의 불평등을 초래할 수 있다. 비록 투표권에 들어있는 평등이라는 개념이 광범위한 것이라고 할지라도, 시행 상의 세부사항으로 인해서 새로운 차원의 불평등이 발생할 수 있다.

미국에서 이런 역학관계를 가장 잘 보여주는 사례로는 선거권이 박탈된 중죄인의 수가 최근 수십 년 동안 극적으로 증가했다는 것을 들 수 있다. 기본적으로 중대한 범죄를 저지른 사람들이 완전한 시민으로 취급되어서는 안 된다는 주장은 새로운 것이 아니다. 아메리카공화국(American Republic) 초기에는 중죄인들이 여성, 어린이, 바보, 노예 그리고 아메리카원주민과 함께 투표할 자격이 없는 사람 목록에 포함되었다 (Keyssar 2000). 그 대신, 변화한 것은 유죄판결 비율 및 투옥 비율이 올라가고 형기를 마친 수감자들의 선거권 박탈기간이 연장된 것이다. 아프리카계 미국인 남성 수감자 수가 가장 크게 증가하면서, 이런 정치적 평등 개념의 발전이 주는 의미는 더욱 더 복잡해진다.

중죄인의 선거권을 박탈하는 법률의 채택 시기를 보면, 그것이 인종 차원에서 이뤄졌다는 것이 확실하다. 미국 전체 주의 약 3분의 1이 1840년대에 중죄인의 선거권을 박탈했다는 기록이 있고, 1870년대와 1880년대에는 80퍼센트 이상의 주들이 그들의 투표권을 제한했으며, 2000년에는 이 비율이 90퍼센트를 상회했다 (Manza and Uggen 2004: 493). 주법에 이러한 배제구조가 마련되면서, 1960년대와 1970년대에 '범죄와의 전쟁'과 '마약과의 전쟁'이 강력한 상호작용을 하게 되었다. 수감자들 중 유색인종 남성의 비율이 비정상적으로 높은 가운데, 수감자 수가 급증하여(Alexander 2010; Fortner 2015; Weaver and Lerman 2010), 형사사법제도가 소수인종의 투표권을 제한하는 효과를 냄으로써 민권운동에 의해서 대폭 증가한 투표자 수를 감소하기 시작하게 했고(Uggen and Manza 2002), 이 현상은 수감자의 급증이 고용기회에 미치는 효과와 그에 따라 유색인종 공동체의 경제자원에 미치는 효과에 의해 악화되었다.

이러한 제약이 중죄인의 선거권 박탈에서 가장 냉혹한 형태를 취하지만, 일반적으로 등록·투표 제도는 타 인구통계 집단들의 유권자 구조도 만들어낸다. 예를 들어, 대학생들은 주거지를 결정할 때 특별한 어려움에 직면할 수 있다(Lieberman 2012). 노인과 빈곤층은 공식 신분증 제시를 요구받을 때 그리고 교통편 제공이 필요하거나 근무시간에 장시간 기다려야하는 경우에 투표할 가능성이 낮을 수 있다. 다음 장에서 보게 되겠지만, 정책이 정치참여 능력과 동기에 미치는 영향은 결국 정치적 결과에 영향을 미칠 수 있다. 정책과 공공프로그램은 시민들이 어느 정도는 그로 인한 혜택을 정치적이라고 인식하고, 따라서, 동원과 로비를 위한 합법적인 목표라고 인식할 수 있도록 설계될 수 있다.

합리적 무관심

흔히 인식되지 않은 사회과정에 의해서 민주시민의 관심, 선호, 조직역량이 형성되는 방식들을 알게 되면, 곤란한 문제 하나가 남게 된다. 민주시민이 민주적 참여를 거부하는 데에 납득할 만한 이유가 있는가? 유권자들이 스스로를 상대적으로 무력하다고 믿는 것이 옳은가? 정치학자 길렌스(Martin Gilens)는 『풍요와 영향력: 미국의 경제적 불평등과 정치권력(*Affluence and Influence: Economic Inequality and Political Power in America*)』이라는 저서에서 외교정책, 사회복지, 경제정책 및 종교문제와 같이 인상적인 문제들에 대한 설문조사와 의회표결 자료를 효과적으로 연결하여 이 문제를 다루고 있다 (Gilens 2012: 101).

길렌스의 연구결과는 공식적 민주제도의 존재가 전체 여론보다는 훨씬 적은 '중위 투표자(median voter)'의 의견까지도 반드시 정책에 반영하기를 바라는 모든 사람들을 정신이 번쩍 들게 만드는 것이다. 그는 정부가 "혼란스럽고 또 가장 냉소적인 미국정치관하고만 일치할 것 같은 빈민들의 선호에 대해서는 전혀 무관심하다"는 것을 알았다 (Gilens 2012: 81). 이와 같이 다양한 부류의 유권자 선호들까지도 무시된다는 것은 의회가 가장 혜택 받은 사람들에게만 관심을 쏟는 경우가 많다는 것을 의미하는데, 이것은 다음 장에서 논의할 정치체제의 '권력엘리트(power elite)' 모델과 일치하는 것이다. 특히 선거에 임박한 시기에 채택된 정책들이 여론을 더 많이 반영하는 경향이 있다는 민주적 대응성론이 옳다는 것을 보여주는 증거가 있다. 길렌스는 여야 대치상태의 정부나 분점정부가, 정도는 덜 하지만, 여론조사에 나타난 유권자의 선호에 더 민감하다는 것도 발견한다 (Gilens 2012: 211).

그러나 길렌스는 모든 유권자들이 의회에서 실제로 심의중인 정책과 연결될 수 있는 선호를 가지고 있다는 가정에서부터 시작한다. 이 작업은 그의 분석 자료에서 중요한 부분인 공공 여론조사방법의 뒷받침을 받아 수행된다. 그러나 가벤타가 매일 계속되는 착취와 억압에도 불구하고 '침묵'을 지킨 애팔래치아 광부들을 이해하기 어려웠던 점에 대해 생각해보면 (1장), 선호 자체가 문제다. 많은 경우, (최소한 외부 관찰자나 전문가가 보기에) 요구를 "해야만" 하는 사람들이 정치체제에 대해 그런 요구를 하지 못하고, 경우에 따라서는 그들을 위해 만들어진 요구도 거부한다 (정책 피드백으로서의 티파티 [Tea Party]에 대해서는 5장 참조). 자신의 이익을 이해하지도 추구하지도 못하는 것은 '합리적 투표자모델'의 가정과 전혀 맞지 않는 것 같아 보인다. 그러나 그것은 중요한 새 사회학 연구 노선들이 나오도록 유발했던 문제들을 제기한다.

혁명연구가 동원의 원천인 구체적인 조직 설정이나 상호작용 패턴으로 관심을 돌렸듯이, 민주정치 연구자들도 정치행태가 상호작용 방식과 경험 축적으로부터 나오는 것이라고 알게 되었다. 사람들이 자신의 이해관계를 이해하게 되는 방식과 (다른 문제가 아닌) 어떤 특정 문제들을 정치활동의 목표라고 이해하게 되는 방식을 어떻게 설명할 것인가가 개인 차원의 수수께끼다. 엘리아소프의 경우에는, 교외 지역사회 시민결사체들의 정치민족학적 과정에서 이 문제가 불거졌다(Eliasoph 1997). 그녀의 연구대상자들은 지역 단체에서 들고일어나 마약 중독 및 판매 문제는 해결하려고 했었지만, 거실 창문 옆을 지나가는 핵 전함이나 근처 항구에 유출되는 화학물질에 대해서는 별로 관심이 없는 것 같아 보였다. 엘리아소프는 왜 마약은 '가정에 가까운' 시민동원 목표로 받아들였으면서도 전함과 산업 오염물은 받아들이지 않았는지를 이상하게 생각했다.

엘리아소프의 설명은 일종의 문화통치, 즉 민주주의체제 내에서 시민권 행사가 필연적이라는 기대를 인식하는 데서부터 시작된다. 이 때문에 그녀의 연구대상자들은 변화를 가져올 수 있다고 희망하는 이슈에 끌렸다. "그들의 **목적**은 권한 부여받았음을 느끼는 것이었다. 그들은 무력하다고 느꼈던 넓은 무대가 있었다는 것을 잊어야만 했다"(Eliasoph 1997: 612). 가벤타의 권력수준 유형론을 상기하면(1장), 이곳에서 얻는 통찰은 잠재적으로 문제가 될 수 있는 상황을 자연적이거나 당연한 것으로 받아들이는 것과 불만을 중심으로 동원하는 것 사이에 문화적 간격이 있다는 것이다. 문제들이 인식될 수는 있지만 '가정에 가깝지 않은' 것으로 분류될 수가 있다. 이런 식으로 어떤 문제에 주의를 기울이지 않으면, 그것은 개별적인 선택 문제로 재구성될 수 있다. "자원봉사자들은 매일매일 시민으로서의 통제감과 주권의식을 유지하기 위해 더 넓은 세상에 대한 관심을 없애려고 열심히 일하고 있었다"(Eliasoph 1997: 620). 이런 패턴은 전함과 산업폐기물을 한데 묶는 것에서 멈추지 않았다. "학부모연맹(Parent League) 모임에서 자원봉사자들은 신참회원이 들고 나올 수 있는 고등학교의 인종 문제, 도서관의 도서구입비 부족, 난방, 음악, 극장용 물품 및 기타 문젯거리가 될 수 있는 주제들에 대해 논의하는 것을 적극적으로 회피했다"(Eliasoph 1997: 623). 변화를 일으킬 가망이 없는 경우에는, 문제점과 불만사항을 언급하지 않는 것이 이 공동체에서 통용되는 선량한 시민으로서의 예의였다.

레비츠키(Sandra Levitsky)는 가정간병인 연구에서 불만을 정치적인 주장으로 옮기지 못한 아주 놀라운 사례에 대해서 적고 있다 (Levitsky 2014). 그녀는 아픈 가족을 돌보는 감정적으로나 재정적으로 힘든 경험이 왜 공공지원을 더 많이 달라고 부채질하지 않았는지를 묻는다. 간병인들은 지원단체에서 함께 나눈 경험을 통해서 불만을 형성하고, 또 기존 정책이 어떻게 절박한 상황에 있는 사람들을 지원할 수 있는 해결모델을 제공해주는지를 인식하게 된다. 그러나 사회봉사가 제공되는 조직 지형과 가족이 가족구성원들에 대해 우선적인 책임을 져야한다는 깊은 믿음이 그런 불만을 정책 요구와 정치적 선호로 옮기지 못하도록 가로막는다. 이런 간병인들 중 많은 사람들은 그들이 정부로부터 얻을 수 있는 필요 사항을 분명히 밝히게 된다 하더라도, 그때 자신과 간병 받는 사람이 필요한 것을 요구하기 위해서 시민으로 동원되지는 않는다.

그러나 무력함은 불가피한 것이 아니다. 다른 연구들이 보여주듯이, 정치에서 제외된 사람들은 '사회적 봉쇄'를 효과적인 '항의'로 바꿀 수 있는 새로운 조직형태를 모색할 수 있다 (Clemens 1997; Young 2006). 참여가 어떻게 결과를 만들어내고, 그에 따라 시민들을 자기 정부에 적극적이고 반복적으로 참여시키는 선순환이 시작되는지를 보다 직접적으로 확인할 수 있게 하는 방식으로, 정부 프로그램 및 기관이 재조지될 수 있다 (Sirianni 2014). 공립학교나 유명한 주립대학들은 공공 프로그램을 지지하는 소속감을 확립해준다. 학교 선택 및 민영화 정책은 공공재를 "개별화"하거나 시민들이 더 높은 등록금을 통해 상당한 기여를 요구하는 방식으로 집행되어, '공공재'로 인식되던 것을 소비에 대한 개인적인 선택으로 바꿀 수 있다. 따라서 이러한 정치적 역설을 이해하기 위해서는, 완전하게 투표권을 부여받은 민주시민들이 불만과 이해관계를 분명히 하면서도 정치적인 행동으로는 옮기지 않을 때는, 개별 행동의 수준에서 나와 정치체제와 정책체계에 대해 생각하는 쪽으로 바꿀 필요가 있다. 정치적으로 행동하는 것이 때로는 단지 무언가를 원하는 것이 아니라, 합법적이고, 정의롭고, 많은 사람이 공유하고, 달성될 수 있는 목표라고 느끼기를 요구한다. 그런 가능성의 지평, 즉 무엇을 바랄 수 있고, 무엇이 가능하다고 상상할 수 있는가에 대한 감각은 합리적 무관심의 분포를 형성하는 데 강력한 영향을 미친다. 이런 방식으로, 기존의 제도 구성과 공공정책은 지지를 만들어낼 수도 있고, 정치변화를 위해 동원하라고 부채질하는 압력을 만들어낼 수도 있다.

국가의 재소환

정치사회학의 중심에는 "닭이 먼저냐 달걀이 먼저냐"와 같은 순환적인 문제가 존재한다. 개인들의 행동과 사회집단의 구조적 기반이 원인이 되어 정치적인 결과를 가져온다는 데서부터 설명을 시작해야 하는가? 아니면 국가구조와 정책으로부터 시작하여 개인의 선호와 행동을 설명하는 것이 더 설득력이 있는가? 결국 "닭이 먼저냐 달걀이 먼저냐"의 문제처럼 여기에는 결정적인 정답이 없다. 그러나 바로 앞 장에서 사회 속의 개인으로부터 국가와 공공정책으로 논의가 옮겨가는 것을 검토했다면, 이 장에서는 그와 반대되는 관점을 취하는 논의들 중 중요한 것들을 살펴본다.

이런 논의들이 혁명연구에서 발견한 중요한 사실 하나를 보강해준다 (3장). 즉, 한 시기의 정치질서 형태가 그 이후의 정치에서 일어날 수 있는 사건들을 형성한다는 것이다. 그러므로 민주적 다수가 왜 (다른 정당과 정책이 아닌) 특정 정당과 정책을 지지하는지를 이해하기 위해서는 그들이 속한 사회집단이나 살아오며 영향을 받은 문화적·종교적 요인들을 추적하는 것만으로 충분하지 않다. 정치체제 내에서 선택할 수 있는 대안들, 동원할 기회나 거부권을 행사할 기회의 수, 그리고 국가 개입의 비용과 이익에 대한 인식 같은 것들이 사람들 각자의 정치적 결정에 강력한 영향을 미친다. 그리고 이런 정치적 결정에 미치는 영향은 동원된 사회집단이나 대중의 영향에서 국가 공무원들이 부분적으로나마 벗어나서 행동하고 국가정책이 결정되는 정도에 따라 달라진다.

이와 같은 정치사회학의 이론적 방향 전환은 1960년대부터 1980년대까지 꽃피웠던 초기 근대국가 형성과 혁명에 대한 큰 관심 위에서 이루어졌다 (2, 3장). 만약 정치사를 이해하는 데 있어 국가 — 그리고 국가의 전복 — 가 흥미롭고 중요한 것이었다면, 분명 그에 상응하도록 국가에 초점을 맞춰 현대 정치의 중요한 모습을 드러낼 수 있었을 것이다. 그러나 그런 통찰력을 창출하기 위해서는 먼저 정치사회학으로 "국가를 다시 불러들이는 것"이 필요했고, 그런 다음에 새로운 개념적 어휘와 분석도구를 개발하여 지적 유행에 뒤쳐진 개념들을 재정비할 필요가 있었다.

국가의 재소환

앞 장에서 공부한 바와 같이, 사회적 투표결정요인과 시민결사체 활동에 대한 연구가 20세기 중반의 정치사회학을 풍미했다. 결국 개별 투표자와 이익집단은 이런 사회적 결정요인들의 영향을 받는 정치체계에서 '투입(inputs)'으로 설정되고, 이 정치체계는 결국 투입을 공공정책 및 공공서비스라는 형태의 '산출(outputs)'로 생산해낸다 (Skocpol 1985: 4; 그리고 [Mitchell 1991: 78-81] 참조). 이런 주장은, 때때로 정치학의 "행태주의로의 전환"과 연결되어, 개별 유권자가 사회경제적 위치를 보여주는 특성과 선호를 가진 사람이라는 이미지와 결부되었다. 이에 따라 연구의 관심이 현대 정치사회학의 중심인 내구적인 사회네트워크와 정치질서 구성에서 멀어지게 되었다.

그러나 종전 후의 정치사회학에서는, 이렇게 선거민주주의에 초점을 맞추는 데 대해 중요한 반론이 제기되었다. 밀스(C. Wright Mills, 1916~1962)는 그의 유명한 저서 『권력엘리트(*The Power Elite*)』(1956)의 제목에 논의의 핵심을 담아냈다. 밀스 주장의 핵심은 정부, 기업, 군대 그리고 명망 있는 대학과 재단의 기관엘리트 네트워크가 정부의 정책을 결정한다는 것이다. 이런 분석노선을 지지하는 사람들 중 일부는 그 주장을, 정치적 결정에 대한 기업 지도자들 — 보다 일반적으로 말하자면 '자본' — 의 영향력을 말한, 여러 가지 마르크스주의적인 주장에 연결시켰다. 비록 그들이 미국 사회학의 지위체계와 엘리트 구성에 대한 연구 계보에 근거를 두고 비슷한 주장을 할 수 있었지만 말이다. 돔호프(G. William Domhoff)는, 계속해서 재판과 수정판을 낸 자기의 저서 『누가 미국을 지배하는가(Who Rules America)』(1967)의 첫 판에서, 발첼(Digby Baltzell, 1915~1996)이 만든 "미국의 기업귀족"이라는 개념과 "지배계급"이라는 마르크스적 개념에 대한 연구를 논박한 밀스의 주장에 자기의 연구를 연결시켰다(Domhoff 1967: 1). 돔호프는 지방정치의 다원주의적 요소가 "지배계급인 국가 상류층의 생각과 양립할 수 없지 않다"는 것을 보여주려 했다. 그렇게 주장하기 위해서는 사회·경제 엘리트 내부에 네트워크 구조가 있다는 것과 그 엘리트들과 정치권력 소유자들 사이에 긴밀한 유대관계가 있다는 것을 입증해야 했다. 2005년 5판이 나올 무렵에, 이 주장은 '계급지배' 이론이 된다. 돔호프는 기업엘리트들과 정치행위자들이 연결되어 있다는 증거를 가지고 기업이 공공정책에 영향력을 행사한다는 주장을 뒷받침한다 (루즈벨트[Franklin Delano Roosevelt] 대통령의 여러 가지 뉴딜정책을 해석하기 위한 이 접근법의 예를 더 보려면 [Domhoff 1996] 참조). 이런 주장은 기업과 국가 사이의 관계가 대부분 도구적인 것으로서 기업에 중요한 영향을 미치는 기관과 의도를 편의에 따라 배정한다는 것을 보여주었다.

엘리트 권력에 대한 분석은 민주주의에서 투표자들이 영

향력을 행사한다는 가정에 반대하지만, 그래도 공식 정부제도 밖의 사항들을 주로 분석하면서 '국가'를 일종의 블랙박스로 남겨두었다. 1960년대 후반에서 1970년대 초반 사이에, 다양한 학자들이 정치·사회 이론에 존재하는 이 공백에 주목하기 시작하면서, 사회학에서 '국가'가 중요한데도 별로 알려지지 않은 개념이라고 주장했다 (Abrams 1988[1977]; Nettl 1968). 이러한 논쟁을 형성하는 데 있어서 마르크스(Karl Marx)와 베버(Max Weber)의 유산이 특히 중요했다. 마르크스는 1848년의 혁명에 관한 그의 논문 "브뤼메르 18일(The Eighteenth Brumaire)"에서 (3장의 Gould[1995]와 Traugott[1980]에 대한 논의 참조; 역자해설 5.1 참조) 주어진 장소와 시간에서 지배자가 누구이건 간에 '국가'는 그 지배자의 도구라고 주장한다. 이렇게 해서 절대주의 국가는 혁명이 진행되는 중에 자본주의사회에서 새 지배계급의 '집행위원회' 역할을 하는 부르주아 국가에게 주도권을 내준다는 것이다. 이런 접근방식 때문에 학자들은 국가기구에 대한 통제가 어떻게 특정 계급이나 계급 일부의 이익을 증진시켰는지 또는 상대적으로 자율적인 국가관료들이 어떻게 "자본을 위해서 자본이 스스로는 할 수 없는 일"을 하는지에 초점을 맞추고서, 국가에 대한 네오마르크스주의 접근법을 '도구주의적' 접근법이라고 간주하게 되었다 (Skocpol 1980). 이런 이론들은 분명히 권력엘리트모델과 강한 친화성을 가지고 있었다.

그러나 이 이론들은 베버의 영향을 받아들여 국가의 행위와

> **역자해설 5.1**
>
> '브뤼메르 18일'이란 프랑스혁명력으로 프랑스혁명이 공식적으로 끝난 날을 말한다. 프랑스혁명력은 혁명이 진행되는 기간 중에 제정하여 1793년 10월부터 1805년까지 12년 동안 사용했던 달력이다. 이 달력에서는 1년을 12개월로 하되, 일 년의 시작일은 오늘날 보편화된 달력인 그레고리력의 9월 22일이고, 각 달은 1주 당 10일씩 3주를 합해 총 30일로 구성되며, 이렇게 산출된 360일 이외의 5일(윤년에는 6일)은 '공화 축제일'이라는 의미의 상뀔로띠드(Sansculottides)라고 부르는 휴일이었다. 브뤼메르(Brumaire)는 이 달력의 둘째 달의 이름으로 '안개의 달(霧月)'이라는 의미를 갖고 있고, '브뤼메르 18일'이란 '안개의 달'의 '18번째 날'로 그레고리력으로는 1799년 11월 9일이다. 이날 루이 나폴레옹이 쿠데타를 일으켜 혁명정부를 무너뜨리고 집정정부를 수립함으로써, 혁명은 종료되었다.

권위를 나타내는 공식적인 조직으로 관심을 돌렸다. 아주 큰 영향력을 갖는 베버의 관료주의 연구가 행정구조로서의 국가라는 개념을 도입했는데, 이 개념은 통치하는 계급행위자의 정체성보다는 그들의 전문화, 합리화 및 기타 차원에서의 차이를 가지고 설명될 수 있는 것이다. 법의 형식적 특성뿐만 아니라 국가 공무원들의 훈련과 자격을 강조하는 개념들은 행위자를 시민사회의 사회경제집단에서 사무직 종사자와 기술관료로 바꾼 정치모델을 지지한다. 스카치폴(Theda Skocpol)

이 자신의 유명한 논문 "국가의 재소환(Bringing the State Back In)"에서 주장한 바와 같이, "영토와 사람에 대해 지배권을 가진다고 주장하는 국가는 단순히 사회단체나 계급 또는 사회의 요구나 이익을 반영하는 데서 끝나지 않는 목표를 세우고 추구할 수 있다. … 그렇게 독립적으로 목표를 세우지 않는 한, 국가가 중요한 행위자라고 여길 필요가 없다"(Skocpol 1985: 9).

이 국가비전을 위해서는 새로운 분석이 필요했다. 첫 번째 단계로, 학자들은 "개념 정의를 일반적으로 적용할 수 있게 만들기 위해서, 일련의 기능과 구조를 묶는 집합체"가 국가라고 이해할 수 있다는 네틀(J. P. Nettl)의 주장과 같은 새로운 개념정의를 제시했다 (Nettl 1968: 562). "영토 내에서 합법적인 폭력을 독점하는" 조직이라는 국가에 대한 베버의 정의에서 무엇이 변했는지를 보자 (1장 참조). 네틀의 개념화에서, 국가는 오로지 강제 및 지배와만 관련되는 것이 아니라, 민족주의 논의에서 중심이 되는 소속감의 문화적 구조를 가리키는 보편적인 멤버십 자격의 구체화와도 관련되어 있다 (2장). 그러나 이런 주장은, 진짜 베버적인 영감처럼, '국가'가 기본적인 계급동맹 구성의 표현이라는 식으로 축소될 수 없는 행위자나 잠재성을 대표한다는 점을 강조하였다.

국가자율성 및 국가능력의 다양성

국가자율성에만 초점을 맞추는 것은 계약이론에서 자유민주주의의 근간을 이루는 사회적인 것의 소멸과 같은 종류의 사회적인 것의 소멸을 초래한다. 여기에는 '국가'를 신민에 대한 지배권을 행사할 때 사용하는 특정 수준의 힘이나 자원 포트폴리오를 보유한 단일 행위자라고 생각하려 하는 유혹이 있다. 여기서 1장에서 소개한 기본적인 권력 개념을 돌이켜보는 것이 중요하다. 권력은 관계시스템에 내재되어 있으면서, 그 관계를 통해서 행사된다는 것을 기억해두자. 국가는 진공상태 속에서가 아니라 여러 종류의 사회네트워크를 통해서 영향력을 행사한다. 스카치폴이 이 정치프로젝트를 시작하면서 말한 바와 같이, "정책수립과 사회변화를 분석하기 위해 국가를 연구의 중심으로 다시 불러내려면 다원주의, 구조기능적 개발주의, 그리고 여러 종류의 네오마르크스주의를 최대한 많이 포괄하는 사회결정론적 가정과 단절하는 것이 필요하다. 그러나 그것은 단순히 옛날 이론에서 강조됐던 것들이 뒤집혀야 한다는 것을 의미하지는 않는다"(Skocpol 1985: 20).

이러한 통찰은 에반스(Peter Evans)로 하여금 '내재적 자율성(embedded autonomy)'이라는 중요한 개념을 만들어내게 했다 (Evans 1995). 이 용어가 비록 모순적인 것처럼 보이지만, 에반스는 어떤 상황을 발생하게 하는 국가관료와 기관의 능력이 대체로 타 사회행위자들과 맺는 관계의 양과 질에 의해 좌우되도록 만드는 방법을 포착하는 데 이 개념을 사용했다. 여기서는 일종의 '골디락스 원칙(Goldilocks principle)'이 주조를 이뤘는데, 이 원칙은 국가 관료들이 사회 행위자들로부터 너무 고립되어 있으면 그들에 대해 행사할 수 있는 지렛대를 갖지 못하고, 너무 밀접하게 연결되어 있으면 국가의 노력이 비국가행위자들의 이익에 의해 포획될 것이라는 의미를 가지고 있다.

에반스는 베버의 핵심 연구대상 지역인 서유럽 이외의 국가들에 대한 연구에서, 오랫동안 후원 및 친족 네트워크를 통해 지배되어 온 사회에서 일정 수준의 국가자율성이 나타나는 조건에 대해 관심을 쏟아왔다 (2장 참조). 그는 국가기관의 비효율과 부패에 대한 불만의 문화를 반영해서, 다음과 같은 점을 상기 시킨다.

> 국가는 질서문제 해결의 중심에 있다. 국가가 없다면, 현대사회의 또 다른 핵심 제도인 시장이 기능할 수 없다. 우리가 마조히스트이기 때문에 관료들의 카운터 앞에 줄을 서서 귀중한 시간을 허비하는 것이 아니다. 우리는 국가가 제공하는 것이 필요하기 때문에 거기에 서 있다. 우리는 예측 가능한 규칙이 필요하고, 규칙들은 구체적인 조직 구조를 가지고 있어야 한다. 우리에게는 개인의 이익에 반하는 일반적인 이익에 대한 (설사 불완전한 것일지라도) 조직적인 성찰이 필요하다. 교환과정을 지속하기 위해 우리는 매수자 위험부담 원칙을 넘어

서는 무엇인가가 필요하다. 우리는 하수도시설, 도로, 학교와 같은 '집합재'가 필요하다. (Evans 1995: 1-2)

에반스는 이 글에서 국가가 예측 가능한 법률, 믿을 수 있는 교류수단, 소속 멤버와 외부인 사이의 관계를 관리하는 메커니즘, 그리고 합의 및 공식적인 계약 관련 분쟁의 합법적 해결 같은 것들의 틀을 어떻게 제공할 것인가에 대해서 친숙한 베버류의 주장을 되풀이한다 (Collins 1980). 국가들이 이런 능력을 서로 다르게 가지면, 그들은 각기 다른 경제발전 궤적을 만들어낸다. 지나치게 강하거나 '착취적'인 국가는 성장을 저해할 수 있고(Chibber 2003), 반면에 충분히 강하지 못한 국가는 자기가 의존하는 시장과 신뢰, 예측 가능성 및 표준화를 발전시키는 데 필요한 제도적 틀을 제공하지 못한다. 에반스와 로치(James E. Rauch)는 정량적인 국가 비교연구에서 '베버류임'을 나타내는 두 가지 요소(성과주의적 국가관료 채용과 관리들에게 예측 가능한 경력계단의 존재)가 경제성장에 긍정적인 효과를 내게 한다는 것을 보여준다 (Evans and Rauch 1999). '성과정당성(performance legitimacy)'이나 (Zhao 2009) 시민들에 대한 혜택 제공에 따라 국가구조의 안정과 능력이 좌우되는 한, 경제를 성장시킬 수 있는 능력은 국가관리들과 그들의 정책에 대한 큰 지지로 돌아온다.

그러나 에반스의 핵심 개념은 '국가자율성'이 아니라 '내재적 자율성'이다. 그의 분석에서, '내재적'이라는 말은 국가기관과 기타 사회행위자들 사이의 관계(통제나 협동 또는 의존 중 어느 것이든)가 중요하다는 것을 의미한다. 국가기관은 새로운 기업을 설립하여 지원할 수도 있고, 규제에 초점을 맞출 수도 있으며, 심지어 여러 산업분야에서 정부가 소유하는 기업을 직접 만들고 통제할 수도 있다. 파시스트정권이(3장) 최대한 많은 사회네트워크와 조직의 능력을 흡수하여 권력을 축적했던 데 반해서, 브라질, 인도 및 한국의 국가주도 경제발전전략에 대한 에반스의 연구는 역동적인 국가-사회 관계의 질을 강조한다. 즉, "성공적인 변혁은, 국가가 상대하는 민간인들의 성격을 바꾸어, 국가의 효과적인 개입능력이 국가-사회 유대의 재건에 의해 좌우되도록 만든다"는 것이다 (Evans 1995: 17). 민간행위자들이 국가기관을 '포섭'하게 만드는 방식을 재건하는 것은 정치적으로 배제적일 뿐만 아니라 경제적으로도 해로울 수 있다. 그러나 에반스는, "국가-사회 연계 범위를 보다 광범위한 집단과 계층까지로 확장하는 것이 아무리 어렵더라도, 결과적으로 그것은 정치적으로 더 강력하고 잘 적응하는 내재적 자율성을 가져다주는 것이어야 한다"고 주장한다 (Evans 1995: 228).

이 분석이 어떻게 상이한 사회네트워크 유형들 간의 연계를 통해 구축된 '사회적 우리' 안에 나타나는 국가 이미지와 합치하는지에 주목해보자 (1장). 에반스는 그런 상호연결의 확장성과 그런 관계 내부에서의 적절한 힘의 균형 모두가 중요하다고 강조한다. 스카치폴이 강조하듯이, "강제기구와 행정조직이 내부적으로 변화하고 사회집단 및 대의기관과의 관계에서 변화하는 것처럼, 국가가 자율적으로 행동할 수 있는 바로 그 **구조적 잠재력**도 시간이 지남에 따라 변화한다"(Skocpol 1985: 14; 원전에서도 강조됨). 따라서 국가자율성의 수준과 그에 대한 지지는 국가구조를 다른 과정 및 사회네트워크와의 관계에 대입함으로써만 이해될 수 있다는 것인데, 이는 앞에서 사회적 유대체제에 내재된 정치질서에 대한 설명과 합치하는 주장이다.

이 프로젝트는 한 행위자가 타 행위자의 의사에 반하여 그의 행동에 영향을 미치는 능력이 바로 권력이라고 이해하는데서 출발하는 베버적인 설명으로부터 일부 학자와 이론가들을 멀어지게 했다. 예를 들면, 가벤타(John Gaventa)는, 베버적인 설명과는 달리, 일부 개인이나 이슈를 정치적 고려에서 제외시킬 수 있는 추가적인 권력차원, 또는 정치행위를 통해서 표현되는 정체성 및 선호도 형성에 국가가 미치는 영향을 지적했다 (Orloff 2012). 초기 근대국가 형성에 관한 연구에서와 마찬가지로(3장), 여기에서 푸코(Michel Foucault)의 저작이 중요한 이론적 자원을 제공했다. 특히 학교와 감옥 또는 자율규제 관행 등과 같은 일상적인 제도를 설계할 때 권력이 '모세혈관'(또는 최대로 확산된 형태)까지 흘러가도록 하는 데 초점을 맞춤으로써, 국가 영향력의 범위는 흔히 거대한 흰색 대리석건물 속에 들어있다고 생각되는 공식 정치제도의 경계를 훨씬 넘어서까지 확장된다고 인식된다. 이 접근법은 "베버적인 정도가 낮아" 보이는 사례들을 (Evans and Rauch 1999), 국가가 사회 밖에 있는 별개의 실체로 보이게 만드는 현대적 기법들이 아직 제도화되지 않은, 그런 사회로 재구성한다 (Mitchell 1991: 91). 미첼(Timothy Mitchell)이 주장해온 것처럼, 만약 국가와 사회의 구분을 "별개의 두 실체들 사이의 경계가 아니라 사회·정치 질서가 유지되는 제도적 메커니즘의 네트워크 안에서 내부적으로 그어진 선이라고 이해해야 한다면"(Mitchell 1991: 78), 그런 대규모 흰색 대리석건물 단지조차도 사람들로 하여금 한계를 가진 조직 행위자로서의 "국가가 저기에 있다"고 생각하게 만들어서는 안 된다. 국가구조는, 상상할 수 있는 거의 모든 정치권력질서들과 마찬가지로, 주변의 사회적 관계·관행 네트워크 질서를 통해서 작동하고 변모한다.

가장 기본적인 수준에서, 국가들은 문자 그대로 그들의 세계를 새로 만들어낼 수 있다. 맑은 날에 대평원 위를 비행하면 환경에 오랫동안 영향을 미칠 토지구획정리 및 도로건설 방법이 떠오르고, 유럽의 일부 지역에서 볼 수 있는 생나무울타리는 또 다른 접근방법을 보여준다. 국가가 지상의 풍경에다가 만든 아주 오랫동안 남아있는 표시들 중에서 어떤 것들은 영토를 측정하고, 수확하고, 효율적으로 사용할 수 있는 자원으로 변모시키려고 노력했던 흔적을 보여준다. 스콧(James C. Scott)의 『국가처럼 보기(*Seeing Like a State*)』(1998)를 보면, 그는 지금의 독일이 된 19세기의 프러시아가 시행한 '재정 임업(fiscal forestry)'에 대한 논의에서 이런 효과를 포착해낸다. 이런 자연관리 체제에서, "활용할 수 있는 수많은 실제 나무들은 목재나 땔감의 용적을 나타내는 추상적인 나무들로 대체되었다." 이런 점에서 볼 때, "국가 세입에 보탬이 될 가능성이 거의 없거나 전혀 없는 모든 나무, 관목 및 초목 … 사람들에게 유용했지만 가치를 재정 수입으로 전환할 수 없는 (심지어 수익성 있는 나무도 포함한) 모든 나무" 등 많은 것이 사라졌다 (Scott 1998: 12). 점점 더 전문화된 국가의 산림 관리자들이 이런 숲에 대한 비전을 실천에 옮기면서 "숲을 '단일상품기계(one-commodity machine)'로 보는 극도의 단순화가 초래되었는데, … 그 단일상품기계는 선택된 품종의 생산량과 재배·수확 비용에 직접 관련된 것을 제외한 모든 변수를 극단적으로 한데 묶거나 또는 일정하다고 가정한다"(Scott 1998: 20). 단기적으로는, 그 접근법이 상당한 성공을 거둬 목재 수확이 증가하게 되었다. 과학적으로 관리하는 숲에 다음 차례의 나무들이 교대로 심어지면서, 그 한계는 "발트스테르벤(*Waldsterben*)" 또는 "숲의 죽음"이라는 형태로 나타났다. 엄청나게 복잡한 삼림생태계망이 국가 재정상의 이익 극대화 측면의 우선순위에서 뒤로 밀려서 크게 훼손되었다.

스콧의 주장은 "고도로 현대적인" 국가가 (자연환경이나 사회체제를 불문한) 복잡하고 유기적인 시스템을 단순화하고 합리화해야 한다는 주장을 통해서 초래한 피해에 초점을 맞추고 있다. 이런 사회에 대한 국가영향모델이, 정치사회학으로 옮겨져서, 어떻게 "정책이 정치를 만드는가"에 대한 이해를 위해 구체화되어, 수십 년 심지어 수세기에 걸쳐 뻗어나갈 국가발전의 궤도를 설정한다. "스카치폴이 정의한 바와 같이, '정책피드백'이란 '일단 수립된 정책들이 이후의 정치과정을 재구성하는' 방식을 의미한다. 스카치폴은 두 가지의 피드백효과를 지적했다. 하나는 새로운 정책들이 행정조치를 만들거나, 확대하거나, 축소함으로써 국가능력을 변환시킬 수 있다는 것이고, 다른 하나는 새 정책들이 사회집단의 정체성, 정치적 목표 및 능력에 영향을 미칠 수 있다는 것이다"(Mettler and Soss 2004: 60). 이 두 번째 방식으로 피드백효과를 인식하는 것이 민주정치에서 사회적인 관계와 네트워크를 재발견하는 접근법이다.

사욕과 불만의 인식에 대한 정책피드백

현대국가가 영향을 미치는 대상은 국가관료와 선출직 공무원의 행동이나 그들이 이익을 얻기 위해 공적 지위를 동원된 시민 또는 반대파들에게 사용하는 방식에 국한되는 것이 아니다. 정책의 결과는 개별 시민들이 자기의 주장을 관철하기 위해 취하는 — 또는 취하지 않는 — 방식뿐만 아니라 관심, 희망, 불만을 이해하는 방식을 형성하기도 한다.

이 현상을 보여주는 놀라운 사례를 미국 노인들의 정치행태에서 찾아볼 수 있다. 4장에서 배운 바와 같이, 정치 참여율은 소득과 교육이라는 두 가지 요소가 증가하면 그와 함께 증가하는 경향이 있다. 그러나 65세 이상의 시민들은 예외적으로 이 패턴과는 다른 수수께끼 같은 패턴을 보인다. 이 수수께끼는 특히 경제 및 교육 수준에서 하위 절반에 속하는 계층에서 나타나는데, 이들 중에서 경제·교육 수준이 같은 노령층과 비노령층을 비교하면, 노령층은 비노령층에 비해 경제력과 교육 수준이 낮을수록 더 높은 투표율을 보인다 (Campbell 2003: 26, 59). 이런 패턴을 설명하기 위해, 캠벨(Andrea Campbell)은 근로소득세로 운영되는 연방노령보험제도인 사회보장제도(Social Security)의 특이한 성격을 지적한다. 사회보장은 "미국 정치에서 특별한 의미를 갖는다. 이 제도는 저소득층을 경제문제로 끌어들인다. 사회보장제도는 모든 노인들의 참여도에 영향을 미쳐서 그들의 활동수준을 높여주는데, 특히 저소득층 노인들에게 가장 큰 영향을 미치고 있다"(Campbell 2003: 40). 비부유층 여론의 영향력이 미미하다는 점이 4장([Gilens 2012] 참조)에서 논의한 '합리적 무관심'을 야기할 수도 있다. 그렇지만 노인들은, 그들이 평생 일하면서 기여한 데 대한 대가로 "얻게된 혜택(earned benefit)"이랄 수 있는, 매월 지급되는 사회보장급여에 담겨있는 직접적인 혜택에 대해서 잘 알고 있다. 이런 표현이 (가상의 저축예금 계좌에 들어있는 현 퇴직자들의 소득에 대한 세금이 아니라) 현재의 근로자들에 대한 과세로 현재의 퇴직자들을 지원한다는 사실을 제대로 표현한 것은 아니다. 그렇지만 그것은 노인들이 이 프로그램에 대해서 가지고 있는 열렬한 애착과 이 혜택을 제한하자고 주장하는 모든 정치인을 처벌하기 위해 신속히 정치적으로 동원할 수 있음을 보여준다.

캠벨은 저소득층을 동원하는 사회보장제도의 이례적인 힘을 1978년 캘리포니아주가 '의안 제13호'를 채택하게 하는 데 성공한 재산세 인하운동에 직접 대비시켜서, 지지자들에게 "그 조치가 약속한 대폭적인 세금 감면" 때문에 이 동원이 일어났다고 보았다 (Campbell 2003: 40). 그러나 마틴(Isaac Martin)은 『영구적인 조세저항(The Permanent Tax Revolt)』(2008)에서 재산세 수준 같은 정책의 경제 효과만을 보고 이런 동원을 설명할 수 없다는 것을 보여준다 (Martin 2008). 조세저항이 보수적인 프로젝트라고 사후적으로 인식되기는 하지만, 그보다는 정치적 우파나 좌파 어느 쪽의 언어로도 표현될 수 있는 국가건설과 근대화에 대한 반응이라고 이해하는 편이 더 낫다는 것이 마틴의 주장이다. 캘리포니아는 시장 주도의 부동산 가격 상승이 어떻게 개인들의 세원 노출 양상을 변화시켰는지를 보여주는 전형적인 사례였다. 납세자들은 아무 것도 하지 못하고, 그냥 대폭 인상된 재산세 고지서를 받아볼 수밖에 없었다. 이런 효과는 주 세무당국 기술관료들이 부동산 가격 변동을 아주 자세히 추적하는 방법을 도입하면서 더욱 심화되었다. 주 정부기관들은 주택이 팔려서 변화된 가격에 대해 세금을 다시 계산해야할 때까지 기다리지 않고 부동산시장에서 가격이 변할 때마다 부과하게 될 재산세를 매번 다시 계산했다. 이런 점에서 조세반대운동은 종종, 세제를 더욱 합리적이거나 일관성 있게 만들어 불완전하고 시대에 뒤떨어진 가격평가가 계속되게 하는 비공식적인 보호장치를 제거하는, 현대적인 조세개혁에 대한 대응으로 일어난다는 것이다.

따라서 정책피드백모델은 사회경제적 위치에 따라 가치와 관심사를 "읽어낼 수 있다"고 설정하는 전통적인 사회학적 투표모델(4장)과 큰 대조를 이룬다. 이 관점은, 정치적 결과가 정책 결정에서의 국가자율성 수준에 대한 인식과 연계되어, 어떻게 사회적 행동의 패턴과 선호·믿음의 분포를 재구성할 수 있는지를 중요시한다. 노년층의 경우처럼, 때에 따라 정책 설계가 정치참여를 활성화시킬 수 있다. 폭스(Cybelle Fox)가 초기 뉴딜정책의 구호 및 사회복지 행정 연구에서 추적한 것과 같이, 상이한 방식으로 시행되는 다른 정책들은 전혀 다른 효과를 초래할 수 있다 (Fox 2012). 이 뉴딜정책의 사회서비스는 유럽 이민자들을 구호했을 뿐만 아니라 그들의 시민권 획득을 장려하는 경로로도 이용되었다. 반면에 멕시코인들과 멕시코계 미국인들은 취업자가 적고 일할 의지도 부족하다는 가정 하에 훨씬 낮은 수준의 구호를 받았다. 구호단체들은 멕시코인들의 귀화를 장려할 가능성이 상당히 낮았고, 국외에 있거나 미국정치에 편입되지 않은 (미국 시민권을 가진 멕시코계 미국인들을 포함한) 많은 사람들을 조직하는 정책기구의 일부가 되었다.

경제가 발전궤도에 오르도록 조성하기 위해서는 국가-사회 관계가 역동적이어야 한다는 에반스의 주장처럼(Evans 1995), 정책피드백모델은 정치변화와 새 정책이 정치동원 패턴에 지속적인 영향을 미치는 방식을 강조한다. 국가정책은 선호와, 시민들이 선호에 따라 행동할 가능성과, 시민들이 정부를 그들이 당면한 문제의 근원이거나 해결책이라고 이해할 가능성을 만들어낸다. 미국에서, 티파티(Tea Party)운동이 급격하게 부상한 것은 이런 현상이 일어날 수 있다는 것을 제일 잘 보여주는 가장 최근의 사례다.

티파티 수수께끼

지난 수십 년 동안 미국의 선거정치가 풍부한 자료를 제공하여 고전적인 사회학적 투표모델과 정책피드백이론의 내용 사이의 관계를 생각해볼 수 있게 해주었다. 사회학적 투표모델이 "사회구조, 사회적 맥락, 사회네트워크 그리고 사회적 소통·영향 과정"에 자리잡고 있는 개인에서부터 출발한다는 것을 상기해보자 (Mettler and Soss 2004: 57). 이 모델에서 변형되어 나온 경제적 투표모델에서는, 그 위치가 사익에 대한 합리적인 이해의 기초가 되어, 정책에 대해 어떤 의견을 갖고 또 투표를 어떻게 해야 할 것인가를 알려주게 된다. 이런 이론적 출발점을 감안해 볼 때, 최근 미국 대통령선거의 특징들 중에서 가장 놀랄만한 것은 상당수의 서민과 중산층이 주로 부유층의 경제이익에 부합하는 정책을 추진하는 공화당 후보들에게 투표한다는 점이다. 학자들과 전문가들은 정부가 지출을 증가하면 이득을 볼 것 같은 사람들이 왜 부자들의 세율을 낮추고 정부 프로그램을 줄이는 데 전념하는 정당에 투표하느냐고 묻는다.

이 질문에 대한 초기의 답들 중에서 가장 영향력 있는 것이 수필가 프랭크(Thomas Frank)가 자기 고향인 캔자스 주에 만연된 "혼란"에 대해서 쓴 『캔자스에 무슨 일이?(*What's the Matter with Kansas?*)』(2004)라는 책에 나와 있다. 대통령 선거에서 진보적인 민주당 소속 맥거번(George McGovern) 후보를 지지하다가 "투표용지에 인쇄된 가장 극우적인 공화당원" 지지로 돌아선 친구 아버지의 정치참여 이야기를 상기하면서, 프랭크는 그 사람이 결국에는 자신의 교사 경력 전 기간 동안 가입하고 있었던 교원노조를 비난한 정치인과 전문가들에게 공감하게 되었다고 말한다. 프랭크는 분명히 그들이 사는 마을 전체 수준에서 이와 비슷한 패턴이 나타났다고 주장했다. "공화당의 경제정책이 도시의 산업과 노조와 마을을 초토화했음에도 불구하고, 마을사람들은 문화적 이슈에 대해 비난하고 나서면서 결국에는 주로 낙태반대 강령만을 가지고 선거운동을 했던 거듭난 기독교도 강경파 공화당 소속 하원의원을 지지하게 되었다. 오늘날 그 도시는 디트로이트의 축소판 같아 보인다"(Frank 2004: 4–5). '혼란', 반발, '문화적 분노'와 같은 말이 나온 이유는 유권자가 사회경제적 상황에 근거해서 자신의 진정한 이해관계를 이해하지 못하게 방해하는 비이성적인 정서가 들끓는 데에 있는 것 같다.

정책피드백 연구는 다른 방식으로 설명한다. 메틀러(Suzanne Mettler)는 잘 만들어진 시리즈로 된 설문조사에서 정부 이익을 잘못 인식하는 핵심적인 과정을 밝혀냈다 (Mettler 2011). 그녀가 설문조사에서 먼저 물어본 것은 단순히 응답자가 "정부의 사회프로그램을 이용해 본 적이 있느냐"는 것이었다. 응답자의 57퍼센트는 그렇지 않다고 답했다. 후속 문항은 사회보장, 실업보험, 주택담보대출이자 공제, 학자금대출 등 21개 세부 프로그램에 대해서 묻는 것이었다. "프로그램을 이용하지 않았다고 대답한 응답자들 중 94퍼센트가 적어도 한 개의 프로그램으로부터 혜택을 입었고, 응답자 전체는 평균 네 개의 프로그램을 이용한 것으로 나타났다." 그리고 처음에 정부 프로그램이라고 인식되지 않던 정부 프로그램들에게는 뚜렷한 패턴이 있었다. 그 패턴은 형편이 나은 사람들에게 더 많은 혜택을 줄 가능성이 크다는 것과, 주택담보대출 이자나 피고용인들에게 건강보험을 제공하는 개인 고용주들에 대해서 세금을 공제해주는 방식으로 집행될 가능성이 크다는 것, 또는 사회보장에서 보는 것처럼 "받을 자격이 있어 받은 것"이라고 인식될 가능성이 크다는 것이었다.

이처럼 잘못된 인식이 『캔자스에 무슨 일이?』에 나타난 현상에 대한 프랭크의 평가를 수정하게 만들었다. 정책피드백의 관점에서 본 분석은 문화적 호소를 통해 정신을 산만하게 만들거나 신비화한 결과 저소득 중산층과 노동계급이 공화당 후보를 지지했다고 설명하지 않고, 그 대신 투표자가 세금 형태로 납부한 것과 공공프로그램을 통해서 분배받는 혜택 사이의 관계를 이해하는 방식을 강조한다. 여러 종류의 정부지출이 계약체결 및 세금지출이라는 복잡한 체계를 거치면서 모호해지기 때문에, 복지수표나 푸드 스탬프 형태의 직접 지원이 정부지출의 대부분을 차지하는 것으로 잘못 인식되기도 한다.

정부 혜택에 대한 이런 선택적인 인식의 결과가 2008년 금융위기 이후 오바마(Barack Obama) 대통령의 첫 임기 동안에 분출됐던 보수주의자들의 티파티운동에서 특히 뚜렷하게 나타났다. 티파티 멤버들은 그 유명한 "정부는 내 의료보험에 손대지 말라"는 구호판을 흔들면서, 정부 혜택에 의존한다고 여겨지는 소수민족과 이민자들뿐만 아니라 자기 자신의 젊은 친척들에 대한 불만도 표출했다. "수많은 (젊은) 사람들, … 그들은 그저 자기들이 자격이 있다고 느낄 뿐이다"고 한 여성은 말하면서, "평생 동안 복지 수혜대상으로 살아온" 자기 조카 얘기를 했다. 또 다른 남자는 "내 손자가 열네 살인데 '왜 내가 일을 해야 하나요, 왜 내가 그냥 공짜 돈을 받지 못합니까'라고 묻더라"면서 걱정했다. "정부지원을 받을 자격이 있다고 젊은이들에게 가르치고 있다"는 걱정이었다. 이와 비슷하게 한 하원의원이 대학생들을 비난했다. 그 의원은 대학생들을 두고 "너희들은 학교에 갈 수 있고, 펠 장학금(Pell Grants)을 받을 수 있으며, 푸드 스탬프, 저소득 에너지 지원금, 섹션

8 주택임대료 지원금(section 8 housing, 역자해설 5.2 참조)도 받을 수 있다. 그러다가 우리는 뜬금없이 우리가 대학 졸업이 필요하지도 않은 사람들을 돕고 있다는 것을 알게 된다"고 비난했다 (Skocpol and Williamson 2012: 72-73). 그래서 국고지원 혜택을 정부혜택으로 인식하는 방식에 따라, 가족네트워크를 통해서, 상이한 인종 사이에 그리고 다양한 경제환경에서, 각기 다른 비판과 갈등이 일어났다.

정책피드백과 정당정치

미국의 티파티와 선거정치 우경화에 대한 분석이 정책피드백에 의해서 개인의 선호·참여가 형성되는 방식을 보여주는 것처럼, 정책체계 및 중앙정부 수준에서도 선호와 참여 상의 우경화 효과를 발견할 수 있다. 자유민주주의 이념 틀의 한 부

역자해설 5.2

이는 정부가 저소득층에게 집세를 지원하는 프로그램인데, 일명 'Section 8 Housing Choice Voucher' 또는 'Housing Choice Voucher Program'이라고도 한다. 자격요건을 갖춘 저소득층이 자기의 소득에 따라 임대료의 일정부분(10%, 30% 등)만을 부담하고 나머지는 정부가 지원하는 복지프로그램이다. 저소득층아파트만이 아니라 일반 아파트도 지원 대상에 해당되어 인기가 높은 편이다.

분이 가상의 '사회계약'을 통해 개인들이 안전을 대가로 주권자에게 자연권을 포기하는 것이라는 점을 상기해보자. '안전'에 대한 이해가 폭력으로부터 보호받는 것 너머로까지 확대됨에 따라, 국가가 사회보장을 제공하지 못하거나 또는 시민들이 정부로부터 도움 받고 있다는 것을 인식하지 못하면, 그것은 기존 질서를 정당화해주는 기본적인 합의를 와해시킬 수 있다. 이런 기본적인 가상적 사회계약 개념이 와해되면 어떤 정치가 올 것인가?

정책피드백 논의는 개별 유권자의 선호를 통해 정부 프로그램의 고리를 추적한다. 그러나 많은 경우에 "정부는 나를 위해 무엇을 하고 있는가?"라는 질문에 대한 대답만으로는 투표자들을 동원하고 유권자를 형성해내기에 충분하지 않다. 정책 효과를 넘어서, 어떤 정체성 차원과 어떤 정부활동 평가 방식이 정치참여의 동기를 부여하고 시민들의 선호를 형성하는 데 실제로 영향을 미치는가를 결정하는 데 있어서 정당조직이 중심적인 역할을 한다. 드 레옹(Cedric de Leon) 등이 주장하는 바와 같이 (Leon et al. 2015), 정당은 단순히 어떤 유권자의 특성이나 선호의 분포를 반영하지도 또 그에 반응하지도 않는다. 대신 정당이 하는 일의 대부분은 사회분열과 정치체제와의 유사성을 표출(articulate)하는 것이다. 이런 분석은 현재의 정치가 사회적 유대와 정체성을 반영하는 것이라고 보는 사회학적 주장에 대해 강력한 반론을 제기한다. 이 분석에서 정당은 그들이 만드는 정부를 유지하고 그 정부에 의해 유지되는 정체성, 분열 및 이해관계를 적극적으로 표출한다. 앞서의 사회학적 투표모델에 대한 논의에서 분명히 밝혔듯이 (4장), 사회·경제적 위치와 투표 선택 사이에 신뢰할 만큼 강력한 연관성이 없다면, 그것은 적어도 계급 측면에서 정치적 충성심을 표출하려는 정당의 노력이 부족하기 때문일 것이다.

베레진(Mabel Berezin)은 20세기 후반에 일어난 프랑스와 이탈리아의 정치 우경화를 비교하는 연구에서 이 역학관계를 잘 보여준다 (Berezin 2009). 그녀가 이 논의에 대해서 이론적으로 공헌한 것은 정치의 문화적 차원, 특히 민족국가가 정체성과 안전의 종국적인 구성을 보여주는 방식이 중요하다는 것을 강조한 점이다. 많은 논평자들이 유럽의 외국인 혐오와 새로운 인종정치 대두가 주로 개인적인 가치와 정체성에 의해 주도된다고 지적했다. 그렇지만 그녀는 많은 유럽 국가들에서 경제·사회적 측면의 기본적인 안전을 제공하는 국가의 능력이나 의지가 감소한 데 대한 반응이라고 해석하는 것이 더 낫다고 주장한다. 베레진은 이민이 개인에 대한 경제적 위협이나 뿌리 깊은 편견을 촉발한다는 데 초점을 맞추기보다는, 고조되는 (특히 "폴란드 배관공"으로 의인화된 동유럽으로부터의) 이민에 대한 두려움의 상당 부분이 유럽연합의 팽창과 그에 따라 국가 사회보장제도 및 주권의 근거가 축소된 데서 나온 산물임을 상기시킨다. 중도정당의 지도자들이 더 이상 (지지자들에게 - 역자 주) 정치적 충성심을 보여주기 위해 사회보장서비스의 핵심 프로그램들을 지지하는 전략을 쓰지 않게 됨에 따라, 프랑스 유권자들 중 일부는 자신들의 정치적 자아를 이해하는 데 익숙했던 기존 방식과 작별을 고했다. 일부 프랑스 투표자들은 우익 국민전선(National Front) 당에 대해 두터운 정체성 기반의 충성심을 갖고 있었다. 그러나 다른 유권자들은 다른 이유에서 국민전선이 공천한 후보에게 투표하거나 국민전선을 받아들였다. 전후 프랑스가 중도 복지국가로 발전하는 중에 구축한 사회보장제도에 대한 기대가 침식되는 데 대한 뿌리 깊은 우려를 표현하는 방법 중의 하나로 그런 것이다. 점점 더 불안정해지는 시장에 노출되는 데서부터 정치질서의 기초가 흐트러지기 시작하였다.

실제 정치인들은 정책 설계가 정치행동과 '합리적 무관심'에 상당한 영향을 미친다는 연구결과를 이해하고 있었다. 1980년대 영국과 미국에서 직접적이고 보편적인 형태의 사회보장제도를 민간프로그램이나 선택에 따른 프로그램으로 대체하려는 노력과 함께 보수정치가 부상했다. 그리고 그것은 정책적 이해관계가 같다는 점이 여러 범주의 유권자들을 동원해내는 힘을 약화시켰다 (Hacker and Pierson 2005; Pierson 1994). 이 접근방식은 정책 설계가 어떻게 정치전략과 기술관료적인 집행계획을 보여주는지 밝혀준다. 노인들의 정치참여에 대한 캠벨의 연구는 미국 복지국가의 핵심 요소를 민영화하자는 안에 대해서 다음과 같이 말하고 있다.

개혁은 민주적 시민성에 대해 중요한 의미를 가지고서, 사회보장제도의 정치적 약속과 그의 자원 효과를 변화시킨다. 각종 사회보장 자산을 개별적으로 관리하는 것은 노인들과 정부 사이의 유대를 단절시킬 수 있다. 노인들은 정부가 자기들의 은퇴 소득 중 극히 일부만을 책임질 것이기 때문에 정부가 하는 일에 대한 관심을 줄일 것이다. 이러한 인지적 연계, 즉 노인들의 참여를 자극하는 공공문제에 대한 관심은 줄어들 것이다. 이런 결별은 웰빙이 정부 조치와 아주 밀접하게 연관되어 있는 저소득층 노인에게서 가장 갑작스럽게 일어날 것이다. (Campbell 2003: 143)

여기서, 정책피드백 과정이 시민사회의 상호작용 예절 때문에 그리고 투표자들이 스스로 정치적으로 무력하다는 것을 알게 됨으로 인해서 발생한 것과 동일한 형태의 '합리적 무관심'을 만들어 낼 가능성이 있다 (4장). 정치참여가 사회보장혜택 제공에 대응해서 일어나는 한, 그런 혜택을 최소화하거나 이해하기 어렵도록 난해하게 만드는 것이 정치참여를 조작하기 위한 '유권자 구성' 방법이다. 정책이 정치를 만들기 때문에, 공공 사회보장혜택의 관용성과 가시성이 감소하면 그것이 정치참여의 사회적 기반을 약화시킬 수도 있다. 그러나 정책 자체가 규칙의 집행 및 강제 방법을 완전하게 정하지 않고 여지를 남겨둘 경우, 법률의 적용 대상자들이 그 법률의 시행 조건을 스스로 정하고자 할 때 참여를 유도해내는 결과를 가

겨올 수 있다 (Edelman et al. 1999).

정책피드백과 조직국가

정책이 정치참여 동기를 제공할 수도 그렇지 않을 수도 있지만, 다른 한편 정치조직의 능력에 영향을 미칠 수도 있다. 이러한 역학관계는 정부가 민간조직이나 정당조직에 의존하여 유권자를 동원하는 것에서부터 공적 자금으로 사회서비스를 제공하는 것에 이르는 여러 가지 중요한 정치적 기능을 수행하려 할 때 특히 두드러진다. 이러한 역학관계를 보여주는 좋은 예는 뉴욕시 브루클린의 선출직 공무원, 비영리단체 및 지역사회 사이의 관계를 면밀하게 조사한 한 연구에서 찾을 수 있다. 마웰(Nicole Marwell)은, 조직을 주로 멤버십 및 사교적 행사와만 동일시하는 경향을 거부하면서, 공식 조직이 사회적 자본 형성을 위한 장소일 뿐만 아니라 자원을 축적하고 가난한 지역사회에서 기회와 정치네트워크를 확대할 가능성이 있는 프로젝트들의 도구라고 주장한다 (Marwell 2007). 주거, 정치적 영향력 및 고용기회를 제공하는 데 필요한 외부의 자원을 확보하기 위해서는 조직적인 노력이 중요하다. 이 노력은 또한 편익과 참여 사이의 관계를 가시화하고 동원한다.

마웰이 연구했던 마을, 즉 '성장기계(growth machine)' 프로젝트와 교외로 활동을 유도하는 도로건설계획에 의해 잘려나가 산업공동화와 도시 붕괴의 효과를 악화시키는 지역사회에서, 그런 노력이 중요하다는 것은 분명하다. 부동산 개발업자, 은행가, 자동차 판매업자 및 성장 수혜자 등과 같은 지역 엘리트들이 옹호하는 정책에 의해 주도되는 도시생활조직의 변화는 다른 지역에서 이익을 추구하면서도 도시문제는 특정 지역에서 집중적으로 발생하게 한다 (Molotch 1976). 이에 대해 1960년대와 1970년대에는, 주택재건 지원과 옥외마약시장 치안유지 및 기타 지역사업을 지원하는 민중들의 노력이 시작되어, 사회봉사단체와 비영리단체의 수를 증가시켰다. 이런 단체들이 처음에는 주택 보유량의 개선(또는 최소한 악화속도 둔화)을 중심으로 해서 시 당국과의 관계를 재정립했다. 그러나 이런 프로그램이 지역의 자발적 참여뿐만 아니라 연방기금에도 의존했기 때문에, 이렇게 지역사회를 기반으로 하는 조직이 지역·국가 정치, 공공정책 그리고 경제개발을 표출하는 핵심적인 마디로 부상했다. 비영리단체는 지역사회를 위해 정부 재원을 확보해낸 정치인들에게 감사하고 선거에서 그들의 지지를 끌어내는 장이 되었다. 1990년대 뉴욕시가 화려하게 재생되면서 투자자들과 개발업자들이 오랫동안 방치했던 이 지역을 재발견함에 따라, 이렇게 지역사회를 중심으로 동원하는 능력이 더욱 중요해졌다. 역설적이게도, 도시 붕괴에 대응하여 탄생한 조직들이 결국에는 그 지역사회를 부흥시키고 심지어 고급화(gentrification)하는 동반자가 되었다.

이렇게 재정의존과 정치연대가 결합하면 시민단체를 위태

롭게 하는 원인이 될 수도 있다. 맥쿼리(Michael McQuarrie)가 클리블랜드의 도시개발 노력에 관한 연구에서 재차 언급한 바와 같이, 지역사회개발단체들의 조직 안정성을 확보한 바로 그 과정들이, 피지배자들의 수동적인 동의와 공직에 선출되지 않은 시민엘리트들의 권위 정당화를 확보하는 메커니즘이 되기보다는, 그 단체들의 정치행위를 위한 도구로서의 능력을 약화시키기도 했다. 지역사회 활동가들이 금융엘리트들에게 얽매이게 된 이런 관계는, 지역사회 기반의 시민단체와 엘리트 시민단체 모두의 자질을 아주 풍부하게 가진 도시가 자기의 정치활동과 경제발전의 본보기인 핵심 재산을 감축시킨 주택위기 앞에서 어떻게 그렇게 꼼짝도 하지 못했는지를 설명하는 데 도움이 된다.

도시사회학과 정치사회학이 교차하는 데에서 나온 이 두 사례는 우리가 국가와 사회의 구분을 "두 개의 분리된 실체 사이의 경계로서가 아니라 사회 및 정치 질서가 유지되는 제도적 메커니즘들의 네트워크 안에 내부적으로 그어진 선으로" 이해할 때 나타나는 정치를 보여준다 (Mitchell 1991: 78). 그러나 이 사례들이 각기 (비영리단체가 브루클린에서는 강력한 정치브로커로 등장한 데 반해 클리블랜드에서는 위기 앞에서 무기력했던) 정치적 균형의 변화에 중심을 두지만, 다른 연구들은 아직까지도 광범위하게 영향을 미치는 피드백효과를 가지고 선진 산업민주주의 국가에 구축된 사회서비스체제의 지속을 설명하고 있다.

정치를 만드는 정책 그리고 그 정책을 만드는 정치: 복지국가사회학

학자들은, 어떻게 정치적인 노력을 성공적으로 기울여서 광범위한 정책조합을 만들어 내는 힘이 강화되도록 했는가에 초점을 맞추어, 여러 나라에서 정책조합을 만들어낸 역학관계를 분석했다. 복지국가를 연구하는 학자들에게 있어서, 중심적인 문제들 중 하나는 "늦게 출발하여" "아직까지도 발달되지 못한" 것으로 보이는 미국 복지국가의 성격이었다. 여러 복지프로그램들 중 노인들을 위한 사회보장제도를 제일 먼저 구축했던 1930년대의 뉴딜개혁 때까지, 미국의 복지국가는 주로 주 차원의 각종 노자지원과 가족의 기초생계를 앗아갈 수 있는 근무 중 부상에 관련된 각종 프로그램으로 구성되어 있었다. 이런 관찰이 새로운 역사연구 유형을 촉발시켰고, 그 결과, 미국에서는 복지국가(특히 국가건강보험제도)가 "없는" 가운데, 남북전쟁 참전용사에 대한 군인연금제도를 통한 일련의 가족 및 노인 지원은 물론 공교육을 지원하는 제도가 유별나게 일찍부터 발달했음을 보여주었다. 무엇보다도 그런 연금제도 확립과 자금 조달을 위한 입법화의 성공이 퇴역군인단체들에게 더 많은 지원이 제공되고 더 많은 회원이 가입하게 하면서, 퇴역군인들의 혜택이 향후 수십 년간 가장 관대한 세금 지원 사회서비스들 중 하나가 될 수 있게 하는 역학관계를 마련했다 (Mettler 2005; Skocpol 1992).

이러한 주장들은 점점 더 구성주의적으로 되어가는 복지국가 연구 접근법과 보조를 맞춰나갔다. 중요한 것은 단순히 복지제도를 "강하다"거나 "약하다"고 개념화하기보다는 단편적인 정책들이 몇 가지 패턴으로 서로 잘 맞는 경향이 있다는 점을 아는 것이었다. 많은 학자들이 생각하는 핵심적인 변화들 중에는 경제조직에서 정부, 산업 및 노동자 사이의 관계 변화도 있었다. 조합주의나 "자본주의의 다양성"이라는 관점에서 설명된 이런 분석은 동맹과 협력의 패턴(또는 이 협력 패턴이 없다는 것)이 실업의 수준과 휘발성, 노동자들의 기술 습득 그리고 경제변화에 적응하기 위한 재교육 가능성에 어떤 영향을 미쳤는지를 보여주었다 (Hall and Soskice 2001).

에스핑-안데르센(Gøsta Esping-Andersen)은 그의 "복지세계(worlds of welfare)" 분석에서 이 통찰력을 다른 버전으로 포착하여, 선진 산업민주국가들의 복지체제를 '자유주의 복지국가', '조합주의체제' 및 '사회민주주의 복지국가'라는 세 가지 범주로 분류할 수 있다고 주장했다. '자유주의' 복지국가는 "자산조사형 사회부조(means-tested assistance plans), 낮은 수준의 보편적 소득이전(modest universal transfers), 또는 낮은 수준의 사회보험계획(modest social-insurance plan)"을 합한 것이다. '조합주의'체제는 (블루칼라나 화이트칼라와 같은) 신분에 따라 전통적인 가족형태를 보존하기 위해 혜택을 제공한다. 그리고 '사회민주주의' 복지국가는 보편주의 원칙과 병행하여 권리와 급여를 중산층은 물론 노동자

계급에게까지 확대하여 지급한다 (Esping-Andersen 1990: 26-27). 그는 익숙한 이론적 자원, 특히 독재국가와 민주국가의 기원에 대한 유명한 무어(Barrington Moore)의 분석에서 도출한 '계급연합론'에 의거해서 왜 각 민족국가들이 서로 다른 복지국가를 발전시켰는지를 설명했다 (3장). 이런 관점에서, 스웨덴 같은 나라가 모범이 되는 아주 포괄적이고 평등주의적인 복지국가는, 이런 동맹들이 기존 제도의 틀 안에서 이루어졌던 것처럼, "강력한 노동계급운동이 농민단체와 정치적 동맹을 맺을 수 있는 능력"(Esping-Andersen 1990: 18)에 기인한 것이라고 볼 수 있다. 에스핑-안데르센은 그런 정책체계의 범위나 관용성의 다양함에 대한 단순한 설명을 구하는 사람들에 대해서 "단 하나의 강력한 인과관계를 찾으려는 희망은 버려야 한다고 경고하면서, 이때 과제는 핵심적인 상호작용 효과" 특히 계급동원, 계급정치연합 구조 및 상이한 체계의 제도사(史)라는 세 가지 사이의 상호작용 효과를 알아내는 것이라고 했다 (Esping-Andersen 1990: 29).

에스핑-안데르센은, 공공정책이 성(性) 불평등체제를 영구화하거나 근절할 가능성이 있는 방식에 관심 있는 페미니스트 학자들이 생산한 풍부한 문헌에 근거하여, 가족을 복지제도 분석의 중심축으로 삼았다 (Fraser 1990; Pateman 1998; Ruggie 1984; 이 연구과제에 대한 검토로는 [Orloff 2009] 참조). 정치질서 연구에 대한 '다중네트워크' 접근법과 마찬가지로(Mann 1986), 이 페미니스트학은 사회정책이 독특한 가족형태를 지원하고 그 가족형태가 독특한 노동시장 조직 방법과 뒤엉키는 방식에 초점을 맞췄다. 그래서 모든 복지체제 형태는 다중분업과 연립구조의 교차점(때로는 매우 경쟁적인 교차점)에서 형성되어 나왔다. 결과적으로 어떤 하나의 관점으로는 복지국가정치를 읽어낼 수 없다. 특히, 노동의 '탈상품화'나 시민들의 행복 획득을 위한 대 노동시장 의존 최소화가 이미 노동시장에 진출한 사람들이 누리는 혜택으로 보일 수 있지만, 그것이 다른 종속관계, 특히 가족과의 종속관계에 있는 사람들에게는 더 큰 장애물로 보일 수 있다 (Orloff 1993).

복지국가에 관한 비교 문헌의 상당 부분은 이런 역사적이거나 계보학적인 접근방법을 채택하여, 이전의 민주화 논의에서 (3장) 친숙해졌을 계급동맹 구성이 다르고 참정권 부여, 관료화, 산업화 간의 순서가 달라지게 된 근본 원인을 추적한다. 그러나 이러한 역사적 기원은 일단 활동하기 시작하면 내구적인 피드백을 구성하면서 (Lee 2012), (미국 퇴역군인의 복지 혜택이 계속해서 관대했다는 사실에 의해 설명된 것처럼) 특정 정책에 대한 접근법의 재생산이나 불안정화를 지원하는 방식으로 사회조직 패턴을 재구성할 수 있다 (Lee et al. 2011).

정치사회학의 제도분석

이처럼 광범위한 제도주의적 문헌들은 정치질서 구성이 어떻게 변화궤적을 형성하는지를 보여주면서 중요한 메타이론

(metatheoretical: 이론체제 자체를 분석대상으로 하는 이론 - 역자 주) 지점으로 수렴한다. 자유주의 계약 이론이 종전 후 대부분의 사회과학과 함께 (질서가 개인들의 행태와 결정의 집합이라고 이해하는) '방법론적 개인주의'가 상정하는 것들에서 출발한 반면, 제도적 접근법은 사회적 맥락과 상대적으로 내구적인 사회질서의 구성이 어떻게 행동 가능성을 만들어내는지를 강조한다. 크로지에(Michel Crozier)가 제시한 통찰로 다시 돌아가기 위해서는, "변화의 양 자체가 아니라 변화의 패턴을 기본 변수로 고려해야 한다"(Crozier 1964: 226).

이 주장은 각종 정치체에서 가장 두드러진 특징들을 재생산하고 재구성하는 패턴에도 적용된다 (Clemens and Cook 1999). 행위자들이 상이한 문화담론에 의지하고 또 사법제도나 입법제도에서 다양한 기회를 이용하려 하면, 똑같아 보이는 문제들을 둘러싼 갈등들이 상당히 다른 모습을 취할 수 있다 (Ferree et al. 2002). 현재의 공공프로그램이 그것을 지속시키기 위한 압력을 만들어내는 투표자의 선호와 참여패턴을 형성함에 따라, 정책피드백모델은 재생산에 대한 제도적 해석을 예시해준다. 정부 혜택을 제한하는 방식으로 변화를 주어서 정책 구성을 바꾸면, 원래의 정책 구성을 지속시키려는 압력이 최소화될 수 있다. 그러나 여러 가지 상황에서, 제도가 만들어내는 효과는 기존의 정책 구성을 재생시키기 위한 압력과 함께 불만을 야기할 수 있다. 그런 경우에, 가장 먼저 기존의 수혜자들과 자신이 처한 불리한 입장을 변화시켜야 한다고 생각할 수 있는 사람들 사이의 힘의 균형에 관한 문제가 제기된다. 그 다음 문제는 그 변화를 위한 동원이 언제 어떻게 일어나는지, 그리고 그 동원이 언제 실제로 변화를 일으키는지에 관한 것이다.

사회운동과 사회변화

사람들은 사회적 안정이 당연한 것이라고 쉽게 생각한다. 세상에서 어제 통용되던 방식이 때로는 내일 통용될 방식을 정확하게 예측해준다. 그러나 이런 상식은, 사회적·정치적 변화과정을 이해할 때, 우리를 이론적 함정에 빠지게 한다. 변화가 어떻게 가능한지를 이해하기 위해서는 기존 질서유지과정을 부각시켜놓고 시작할 필요가 있다. 만(Michael Mann)이 '사회적 우리'의 성격에 대해서 주장했던 것을 상기해보자(1장). 상호의존의 발달과 개인이 분업에서 담당하는 역할 덕분에 받는 이익에 의해서 질서있는 권력관계체계가 등장할 수 있게 된다. 사람들은, 억압받고 또 수확에서 차지하는 몫이 불평등함에도 불구하고, 각자 자발적으로 야생의 자연으로 떠나는 대신 관개농업체계를 가진 공동체의 일원으로 남는 것을 선택할 수 있다. 사람들은 이런 기본적 통찰과 조직화된 착취·강압체제로서 보다 발달된 국가라는 개념을 함께 가진다 (Tilly 1992). 여기에서 착취·강압체제는 그 체제의 최대 수혜자들이 변화, 특히 엘리트 사이나 엘리트와 대중 사이의 재분배로 이어질 수 있는 변화를 차단하는 능력을 발휘할 수도 있는 체제다 (Kroneberg and Wimmer 2012; Skocpol 1980). 앞서 말했던 성, 요새, 사원 등의 풍경을 만들어냈던 것과 관련된 권력형태를 볼 때, 사회변화를 만들어내는 조건과 과정은 무엇인가?

얼핏 보면, 그런 환경에서 두들겨 맞는 현장 노동자나 상당한 수확물을 빼앗길 수밖에 없는 농민들처럼 불이익 당하는 사람들의 감정과 이해관계에서 한 가지 분명한 해답을 발견할 수 있다. 식민주의 관계에 의해 축적된 분노와 원망에 대한 파농(Frantz Fanon)의 해석이 그런 인과관계의 사슬을 상기시켜 준다 (2장). 즉 국가건설은 "피와 분노로 엉킨 응어리의 존재에 의해 촉진된다" (Fanon 2004[1961]: 51)는 것이다. 그러나 동원과정에서는 '분노'가 중요한 요인이지만, 그것만으로는 충분치 않다는 것을 사회학적 연구들이 보여주었다. 때와 장소에 무관하게, 많은 사람들이 중대한 변화를 요구하는 동원을 하지 않고 그냥 분노와 원망의 삶을 살아간다.

사회운동 연구들이 정확하게 이 통찰력에 기원을 두고서, 정치사회학에서 중요한 하위 학문분야로 대두한다. '자원 동원'을 이론화한 논문에서, 매카시(John McCarthy)와 졸드

(Mayer Zald)는 "지난 10년 동안 미국 사회학자들이 사회운동 현상을 이해하는 데 있어서 가장 영향력 있는 접근법들은 … 공동의 불만 그리고 그 불만의 원인과 불만을 줄일 수 있는 수단에 대한 일반화된 믿음(느슨한 이념)이 집단적인 사회운동을 발생시키는 전제 조건이라는 강력한 가정을 공통적으로 가지고 있다"고 주장했다 (McCarthy and Zald 1997: 1214). 이런 가정은 국민들이 더 크게 분노할수록 더 많은 동원이 일어날 것이라는 예측으로 이어졌다. 이런 관점으로 인해서, 우리는 사회운동 — 극단적으로는 혁명 — 이 가장 많이 박탈당하고, 가장 많은 억압을 받으며, 가장 심하게 착취당하는 사람들 사이에서 일어날 것이라고 생각하게 된다. 그러나 우리가 이미 혁명에 관한 문헌에서 배웠듯이(3장), 항상 그런 것만은 아니다. 혁명가들이 전통적인 질서를 수호하는 위치에 있거나 (Calhoun 1983) 자신이 무언가 잃어버릴 중요한 것을 가지고 있다고 생각하는 사람일 수도 있다 (Traugott 1980). 1970년대 중반 반전(反戰)운동과 뉴 레프트(New Left)가 들끓는 격동 속에서 논리를 개발하면서, 매카시와 졸드는 "운동이 효과적으로 조직되고 일부 기존 엘리트집단의 권력과 자원을 사용할 수 있다면, 기층민의 지지를 운동에다 공급해주기에 충분한 불만이 어느 사회에나 항상 존재한다는 전혀 다른 주장을 처음으로 전개했다"(McCarthy and Zald 1977: 1215). 이런 관점에서 보면, (구성원이나 동맹세력으로부터) 재정자원을 동원할 수 있을 때, (교회나 개인의 가정

과 같은) 회합할 수 있는 공간을 가지고 있을 때, 그리고 기존의 집단정체성과 충원을 위한 사회적 유대의 네트워크를 끌어들일 수 있을 때, 운동이 성공할 가능성이 높았다.

매카시와 졸드가 사회운동 연구를 위한 새 접근법이라고 내세운 것들이 1990년대에 대세를 이뤘던 이론모델을 만드는데 도움이 되었다. 그것은 '정치과정' 이론이라는 이름 아래 여러 가지 중요한 주장들을 결합했다. 즉, 자원 동원, 정치적 기회 및 '짜 맞추기(framing)'에 대해 분석적인 관심을 두면서, 불만주도모델이나 심리학적 모델을 거부했던 것이다. 하위 영역에서 사용하는 특정 어휘에서 변형되어 나온 이 세 가지 요소들은 운동에 이용할 수 있는 (자금 조달, 물질적 지원, 또는 기존 사회네트워크 및 결사체들과의 연계 등과 같은) 조직자원, 선거와 집권자들 사이의 분열을 포함한 제도화된 결정지점 같은 정치적 기회, 그리고 많은 사람들이 정의롭다거나 해결책이라고 믿는 것에 부합하는 방식으로 불만을 '짜 맞추기' 위해 운동지도자들이 사용하는 문화적 자원에 주의를 기울인다 (McAdam 1982; McAdam et al. 1996; Snow et al. 1986). 이 접근방식이 대체로 행위자들의 생각보다는 행동 **맥락**을 가지고 동원을 설명했지만, 그 대신 엘리트와 운동지도자들이 '짜 맞추기'로 조작하는 것을 강조하는 얄팍한 동원과정모델을 만든 것에 불과하다는 대가를 치렀다.

최근 엄청난 동원 물결의 경험을 이론에 접목시킨 결과, 사회운동에 대한 사회학적 연구가 꽃을 피웠다. 과거의 운동권

관계자들은 '민주사회학생회(Students for a Democratic Society)' (Gitlin 1980), 여성해방운동(Freeman 1974) 및 '농장노동자조합(United Farm Workers)' (Ganz 2000)의 경험에서부터 시작하여 철저하게 분석해나갔다. 그 뒤를 이은 학자들은, 전 세계 개발도상국에서 해방운동이 일어났던 것처럼 (미국에서는 1970년대 후반부터 수그러든 것으로 보이는) 동원이 급증했던 근본적인 원인이 무엇인가를 알고자 했다 (3장).

이러한 노력의 일환으로, 사회운동학자들은 그 당시 다른 지역의 정치사회학에 나타난 여러 가지 노선의 주장들을 다시 살펴보았다. 그들은 이해관계와 환경이 어떻게 사람들을 활동하게 만들었는지, 이용 가능한 조직들이 어떻게 새로운 정치적 자아와 집단행동의 전략적 가능성 모두를 형성했는지 이해하려고 노력했다. 그러나 연구대상이 증가함에 따라 학자들은 최초의 사회운동 연구 물결이 세운 중심적인 설정들 중 하나, 즉 사회운동과 정치를 구분하고 '논쟁정치'와 제도정치를 대비시키는 데 대해서 의문을 제기했다. 연구들은 점점 더, 다른 종류의 사람들이 행한 별개의 정치행동 형태라고 여겨지던 것들 자체가 여러 사회에 존재하는 공통 레퍼토리를 구성하는 요소라는 것을 보여주었다. (1789년의 프랑스혁명과 같은) 혁명, 미국 남부의 민권운동, 또는 21세 이상까지만 투표권이 부여되던 시기의 학생운동에 대한 고전적인 사례연구들은 틸리의 '현임자(incumbents)'와 '도전자'의 구분과 함께 시작되었다. 그러나 새로운 연구들은 점점 더 서로 다른 정치형태가 의회에서나 길거리에서 어떻게 복잡한 논쟁에 얽혀드는지를 강조하는 쪽으로 진행되었다.

참여로의 동원

누가 그리고 왜 사회적 활동에 참여하는지를 어떻게 설명할 수 있는가? 이것은 이론 정교화에 크게 공헌한 문헌이 제기하는 핵심 질문이다. 그러나 먼슨(Ziad Munson)이 낙태반대운동에 대한 연구에서 말하듯이 (Munson 2008), 이런 주장들은 아이디어나 관심이 참여 결정보다 선행한다는 (그리고 그 결정을 설명한다는) 핵심적인 가정에 근거를 두는 경향이 있다. 이런 주장의 한 가지 단점은 많은 사람들이 참여하기로 결정하는 대신 관련 태도를 공유만하기 때문에, 표준모델로는 특정 아이디어나 태도를 가진 사람들 중에서 누가 참여하는가를 설명할 수 없다는 것이다. 그렇다면 총기구매 제한이나 습지 보호 또는 노숙자에 대한 사회서비스 제공에 찬성하거나 반대하는 사람들 중 일부만이 참여하는 이유를 무엇으로 설명할 수 있는가? 정치학자들과 정치사회학자들은 누가 참여하는가를 설명하는 데 중심이 되는 네트워크 유대와 참여 초대에 초점을 맞춰 이 수수께끼를 풀려고 했다 (Verva et al. 1995; 그리고 4장 참조). 그런 주장은 어떤 사람이 활동가가 되는가라는 문제에 대해 더 관심을 두지만, 거기에서는 네트워크 유대에 의해 연결되거나 참여하도록 초대받는 사람이 실제로 참여하는 사람보다 훨씬 더 많다는 똑같은 문제가 반복된다.

먼슨은 『낙태반대운동가 만들기(*The Making of Pro-Life Activists*)』에서 누가 사회운동에 참여하는가를 설명하는 데 선호가 가장 중요하고 네트워크 유대도 적합하다는 데 대해서 이의를 제기한다. 그는 4개 도시에서 낙태반대운동가들과 그들에 동의하면서도 참여하지 않는 사람들을 광범위하게 관찰하고 인터뷰한 것을 바탕으로 해서, 어떻게 참여 초대가 개인 생활의 전환점이 되어 운동에 참여하게 되는지를 보여준다. 주류 모델과는 반대로, 종교적인 변화 후에 신앙심이 깊어지는 것과 같이, 낙태반대에 대한 신념은 흔히 운동에 참여한 후 그로부터 나온다. 1974년의 '로 대 웨이드(*Roe v. Wade*)' 판결 이전에, 한 예비활동가가 주치의의 격려로 낙태에 대한 입법청문회에 출석했다. "그녀는 힘든 임신 중에 자기를 도와준 … 사람에 대한 개인적인 의무감에서 출석했다. … 그녀는 자신이 낙태를 반대한다고 생각해서가 아니라 개인적으로 알고 있는 누군가를 기쁘게 해주고 싶었기 때문에 (출석에 – 역자주) 동의했다"는 것이다. 의회 청문회에서 "그녀는 낙태자유화법 지지자들이 장애를 지닌 태아들과 흑인 남성이 백인 여성을 강간하여 임신된 태아들을 '지우는' 데 낙태가 필요하다는 주장을 이해한다"고 말했다 (Munson 2008: 18–19). 먼슨은 선호와 관심에서 행동으로 옮겨가는 일반적인 인과모델을 뒤집어서 "사람들이 낙태에 대한 강한 신념을 형성할 때가 아니라 조직 및 관계 상의 유대를 통해서 활동으로 끌려들어

갈 때 운동이 일어난다"는 것을 알게 되었다. "낙태에 대한 신념은 흔히 개인들이 낙태반대운동에 적극적으로 참여하게 되기 전까지는 발달되지도 않고, 논리적이지도 못하며, 일관성도 없는 경우가 많다"(Munson 2008: 20).

먼슨의 분석은 어떻게 시민들이 '가정에 가까우면서' 시민행동에 의해 영향을 받을 가능성이 있는 문제들에만 초점을 맞추도록 배웠는가에 대한 엘리아소프(Nina Eliasoph)의 설명과 대조된다(Eliasoph 1997; '합리적 무관심'에 대한 논의에 대해서는 4장 참조). 그것과 비교해볼 때, 낙태반대운동은 새 참가자들이 일상적인 경험과는 동떨어진 것일 수도 있는 문제에 대해서 깊은 관심을 갖는 법을 배워 그들의 선호를 재형성하도록 효과적으로 가르치면서, 몇 가지 미국 초기 사회운동 관행을 되풀이했다. 그 사회운동 관행이란 종교적으로 거듭나는 중대한 경험을 통해서 노예제도에 반대하는 개인의 도덕적 책임감을 창출해냈던 것을 말한다(Young 2006). 특히 활동으로 인도된 사람들이 새로워지고 심화된 종교적 의무를 가지게 되었던 것처럼, 운동 참여가 정체성의 재구성과 네트워크 유대의 변화로 이어질 수 있다(Munson 2008: 155-184).

물론 참여는 일회성 행사가 아니다. 사회운동학자들은 비참여자가 왜, 어떻게 참여자가 되는지는 물론 어느 때, 어느 곳에서 이들이 참여를 계속하는가에도 관심을 가지고 있다. 정치사회화에 관한 문헌에서와 마찬가지로, 여기에서도 조직

구조와 문화가 한 번 참여한 사람을 직업 활동가로 만드는 데 중요한 요소라는 것이 밝혀진다. 피셔(Dana Fisher)는 『활동주식회사(*Activism Inc.*)』(2006)에서 대규모의 전국 조직에 초점을 맞춰 이 문제를 탐구한다. 그 전국 조직은 다양한 진보적 명분을 지지하기 위해 기금을 모금하는 여름방학 일자리로 젊은이들을 정기적으로 끌어들였던 조직이다. 피셔는 그 조직의 역사와 전략에 관한 문헌 재구축을 통해 정보를 얻어서, 한 여름방학 일자리 참가자집단 표본과 접촉할 수 있었다. 그는 그해 여름 초반과 후반에 그들을 인터뷰했고, 또 다음 해에는 가능한 한 많은 참가자들을 찾아내서 추적할 수 있게 되었다. 그 결과 사회적 자본에 관한 많은 일을 알려준 토크빌의 도식석이고 낙관적인 해석이 틀렸음을 보여주었다. 참여가 더 많은 참여를 낳지 못하고, 그 대신 활동경험이 다수의 참여자들로 하여금 정치생활에 환멸을 느껴 그로부터 단절되게 만들었다. 이는 '권한부여 프로젝트' 참가자들이 시민으로서의 자각을 통해서 실망감과 존중받지 못한다는 느낌만을 갖게 된 것과 같은 현상이었다 (Eliasoph 2011; 4장).

이 발견은 피셔에게 '비교 질문'을 촉발시켰다. 만약 이처럼 자유주의적 지향성을 갖는 조직이 결국 동원 해제로 이어지고 마는 참여 패턴을 지속한다면, 그것은 젊은이들의 활동성을 영속적인 헌신으로 변환시키는 것 같아 보이는 많은 보수 단체들과 대조되는데, 그 대조를 어떻게 설명할 수 있을 것인가? 그녀는 상이한 조직모델들이 각각 어떻게 직업 활동가가 될 기회를 만들어내는가를 아는 데에 해답이 있다고 주장한다. 역설적이게도, 그녀 연구의 핵심 대상이 되는 조직이 자유주의적인 명분은 지지하면서도 위계적으로 조정된 가가호호 방문판매전략모델에 의지했기 때문에, 도전적인 참여형태로 가는 길을 거의 제공하지 못했고, 또 여름방학 일자리 참여집단 각자가 (기금을 모금하게 하는) 명분의 본질에 의미 있게 관여할 기회도 거의 제공하지 못했다. 이에 비해 상당수의 보수단체는 대학생을 모집하여 정책기관이나 정당조직에서 도전적인 직책을 맡게 하는 통로를 마련해주었다. 이와 같이 어떤 조직을 선택하느냐는 사람들이 정치참여를 통해서 결국 "정치적임"이 정체성의 중요 원천이라는 느낌을 내면화시킬 개연성을 만들어낸다.

따라서 단순 참여에서 직업적인 활동으로 전환할 것인가는, 정체성과 가치관 상의 변화와 (한 시위에서 다른 시위로의, 한 명분에서 다른 명분으로의, 그리고 시위 참여에서 생활방식의 변화로의) 이동을 촉진하는 조직 맥락의 조합에 달려 있다. 이런 효과는 한 민권사업에 참여하려고 신청한 사람들을 대상으로 진행한 맥아담(Doug McAdam)의 연구에서 특히 두드러진다. 그 민권사업은 1964년 여름 미시시피에서 유권자와 직원을 '자유학교'에 등록시키기 위한 것이었다.

미시시피의 '자유여름(Freedom Summer)'이라는 민권프로젝트는 참여 경험이 개인의 인생궤도를 어떻게 변화시킬 수 있는지를 잘 보여준다. 맥아담이 설명하듯이, 사회과학은 어떻게 이런 일이 일어날 수 있는가를 설명하기 위해 최소한 두 가지 모델을 제공한다. 첫째는 개조(conversion), 즉 한 사람의 삶에 일어난 "자기관념, 결사체 네트워크 및 더 큰 세계관 등에서의 급격한 변화"다. 두 번째는 기존의 행동패턴 및 사회적 역할과 연결되는 정체성들 간의 교체(alternation)다. 맥아담은 중요한 차이점이 주로 "변화가 개인의 이전 생활 및 자아관념과 연관되는 정도에 있다"고 주장한다 (McAdam 1989: 745).

운동 참여가 참여자들의 삶에 직접적으로 미치는 영향을 통해서 지속적인 변화를 가져올 수 있는지를 평가하기 위해, 맥아담은 자유여름 프로젝트 지원자들 중 실제 미시시피로 간 사람들과 신청이 받아들여졌지만 가지 않은 사람들 모두를 찾아 인터뷰했다. 참가자들은 여름 프로젝트 이후 6년 동안 정치적으로 훨씬 더 적극적으로 변해서 다른 민권운동과 학생운동, 반전운동 및 여성해방운동에 참여했던 것으로 밝혀졌다. 참가자들 중 상당수는 '운동 분야에서' 유급 직업을 갖게 되었고, 그들의 배우자를 선택할 때 정치적으로 "적합한가"를 생각하게 되었다 (McAdam 1989: 750). 맥아담에게, 이것은 자유여름 프로젝트 참여가 자원봉사자들에게 완전히 변형된 삶의 패턴을 남겨준 것이 아니라, 그들이 직업, 결혼 및 계속적인 정치참여 등에 대한 결정을 통해서 자기의 길을 개척하는 방식을 체계적으로 변화시키는 '교체' 패턴을 보여주는 것이다. 이전 자원봉사자들은 참여 후 몇 년 내에 결혼할 가능성이 적었고 또 수입이 적었지만, 정치적인 참여를 보다 더 하는 사람이 되었다. 자유여름에 참여했던 사람들은, "보다 활발하게 활동하는 쪽으로 태도를 바꿨을 뿐만 아니라, 그곳에서 시작된 개인적인 변화과정을 보강하는 데 적합한 여러 가지 관계를 맺어둔 채 새로운 활동가적 하위문화를 안고서 미시시피를 떠났다"(McAdam 1989: 752). 이런 활동 경험이 자유여름 자원봉사자들의 전 생애에 걸쳐서 파문을 일으켰다.

그러나 때로는 사람들이 활동성과 관련해서 거의 선택의 여지가 없다. 프랑스에서 1789년부터 19세기에 걸쳐 진행됐던 혁명에 대한 연구가 보여주듯이 (3장), 동원이 일어날 개연성과 이해관계를 이해하던 방식은, 어려운 시기가 위기로 발전해감에 따라 행위자들이 자아를 발견하는 구체적인 맥락에 의해서 형성된다. 비테르나(Jocelyn Viterna)는 1979년부터 1992년까지 진행된 엘살바도르 내전에서 여성들이 어떻게 (게릴라로서나 협력자로서) 적극적으로 참여했거나 참여하지 않았는지를 설득력 있게 분석했다. 그 분석에서 그녀는 개인이 선택한 길에 대해서 맥락이 어떤 영향을 미쳤는지를 물었다 (Viterna 2013). 분쟁이 확대되어감에 따라 전쟁의 손길이 닿지 않은 마을, 난민 수용소, 인구 재배치 지역 또는 심지어 산속 게릴라캠프에서도 여성들은 선택의 기로에 처하기도 했다. 이런 분석은 비테르나가 (특정 순간만을 기다리는 어느 정도 합리적이고 전략적인 행위자를 상정하는) 정치기회 연구자들의 주장과는 상당히 다른 주장을 하게 만든다. 그녀는 "정치적 기회가 참여하려는 사람들의 성공이 가능한 것처럼 보이게 만들기 때문에 운동이 시작되는 것이 아니고, 그보다는 거시 수준의 환경변화가 (1) 개인이 보유한 정체성의 의미와 (2) 개인이 속해 있는 네트워크의 멤버십을 다시 형성할 때에 운동이 시작된다"고 주장한다 (Viterna 2013: 42; 원전에서도 강조됨). 여성들이 산 속 게릴라기지에서 무전기를 취급하거나 병원텐트에서 봉사하기도 하고 또 때로는 무기를 들고 싸우는 등 봉사 방식을 찾을 때, 대체로 이런 재형성이 극적인 양상을 띠고 일어났다.

그러나 엘살바도르의 내전을 겪은 여성들에 대한 비테르나의 평가는 우리에게 역설을 남겨준다. 여성들이 내전 중에 남자들과 치이 없이 참여했음에도 불구하고, 분쟁이 (아무리 문제가 많고 불확실하게 끝난 것일지라도) 끝나가면서 전통적인 성(性) 질서가 되살아나거나 심지어 더 강화되었다. 정치적·사회적 네트워크가 참여 효과와 활동 지향성을 유지하고 강화해준 지방으로 이주해간 자유여름 프로젝트 자원봉사자들과는 달리, 비테르나가 연구한 전직 게릴라들은 종종 전쟁 때 맺었던 동료들과의 관계를 끊고 민간생활로 돌아갔다. 이런 역설은 혼란과 정치사회적 변화 사이의 관계에 대해 더 큰 논쟁을 불러일으킨다.

한편 변화의 규모가 혼란의 규모에 비례한다는 상식적인 견해가 있다. 바로 이 가정 때문에 엘살바도르에서 일어난 결과가 매우 놀라운 것이 된다. 여성들이 총을 들고 최전선에서 싸운다면, 분명 이 같은 기존 성 역할로부터의 일탈은 모든 여성게릴라들, 보다 일반화해서 엘살바도르의 모든 일반 여성들에게 가능한 것들이 더 많아지도록 변화시켜 지속되게 하지 않았을까? 변화 문제에 대한 두 번째 접근법은 정확하게 정반대되는 가정을 만들어낸다. 날개 짓으로 연쇄효과를 일으킨다는 중국 신화에 나오는 나비 마스코트처럼, 이 가정은 초기 조건에 가해진 작은 변화가 결과에 큰 변화를 초래할 수 있다고 주장한다.

변화에 대한 사회학적 논쟁은 이 두 극단 사이에서 가장 잘 일어난다. (그 자체가 '외부적'이거나 '내부적'인 것으로 이해될 수 있는) 어떤 혼란이 일어나기 이전 질서의 성격에 대해 질문하는 것에서부터 시작하자. 혼란의 특징은 무엇이며, 그것이 어떻게 이전 사회질서의 특정 요소들에 영향을 미치는가? 지역공동체의 일상적인 정치나 정기적인 선거에 참여했던 강렬한 경험에서는 어떤 길을 찾을 수 있는가? 이런 질문들은 조직모델과 (사회운동, 운동과 '제도정치' 간의 상호작용, 그리고 상이한 정치질서체제 내에서 나타나는 각기 다른 변화궤적에 의해 동원되는) 네트워크의 연구를 향해서 제기되는 것들이다 (Clemens and Cook 1999).

조직 레퍼토리

사회운동학은 종종 놀랄만한 변화 에피소드에서 시작한 다음

역사를 통해 거꾸로 추적해간다. 이것이 '독립변수 선택'이라고 비판받을 수 있지만, 비교적 드물면서도 중요한 사건을 이해하기 위한 기법이라고 이해할 수도 있다. 의사들이 복잡하고 위험한 전염병의 근원과 질병역학까지 알아내기 위해 그 전염병에 의해 고통받는 사람들에서부터 시작할 수 있다. 그러나 이것은 병원균에 노출된 사람들과 그들 중 감염된 사람들이 누구인지를 묻는 서막으로 이해할 수 있는 것이다. 그런 연구설계가 사회운동 연구에서는 비교적 드문 것으로서(그러나 [McAdam and Boudet 2012] 참조) 심각한 사회변화의 결과보다는 동원과 항의 문제에 계속해서 초점을 맞추는 경우가 많다.

결혼이라는 중요한 사회제도의 변화처럼 특별히 두드러진 사회변화의 예를 들어보자. 결혼이 항상 "한 남자와 한 여자" 사이에서 이루어졌다는 주장(그런 주장을 유지하기에는 일부다처제 사회가 너무나 많음)과는 다른 역사적 근거가 아주 많이 있다. 그렇지만 불과 수십 년 전까지만 해도 동성 간에 성관계를 갖고 싶다는 (실제 관계를 갖는 것보다는 훨씬 덜한) 힌트조차도 실직과 사회적 추방의 원인이 되고 또 국가안보에 대한 위협이라고 손가락질 받던 것을 생각할 때, 동성 커플들에게 결혼의 평등성이 인정되었다는 것은 놀라운 일이다. 불이익 당하고, 배제되고, 인정받지 못했던 사람들이 어떻게 이같이 극적인 방법으로 동원하여 제도적인 인정을 받아냈던가?

이 질문에 대한 대답은 논쟁이나 조직의 레퍼토리, 즉 집단

행동을 조직하는 데 거론되고 또 그 행동이 다른 사람들에 의해 어떻게 해석되어야 하는가를 알려주는 문화적으로 친숙한 모델들에 대한 관심과 함께 시작된다 (Clemens 1997; Tilly 1995). 샌프란시스코에서 게이와 레즈비언 조직의 계보를 추적한 암스트롱(Elizabeth Armstrong)은 제2차 세계대전 이후 수십 년 동안 어떻게 상이한 조직모델들이 각기 다른 형태의 정치 행동과 동맹을 만들어냈는가를 보여준다 (Armstrong 2002). 최초의 공식 조직들은, 동성애가 실직과 사회적 추방의 근거가 될 수 있던 시대에 정치제도권 밖에서 기소의 위험에 떨던 집단의 정체성을 보호하는 방식으로 자기 조직의 이름을 지었다. (군주들을 흉내 냈던 중세 복면단의 이름을 차용한) '마타신 소사이어티(Mattachine Society)'의 샌프란시스코 지부는 1953년 남성 동성애자들에 의해 설립되었고, 몇 년 후에 레즈비언들은 (전국적으로 설립된 친목조합 지부의 용어를 그대로 가져온) '빌리티스의 딸들(Daughters of Bilitis)'을 설립했다. 이런 초기 조직들은 술집이나 모터사이클클럽 같은 준 특별사교모임('사회적 봉쇄'의 중요한 근원, 1장 참조)에서 성장해 나왔으며, 보안을 극대화하기 위해 때로는 공산당의 세포조직과 같은 구조를 채택했다.

결국 이 운동가들은 아프리카계 미국인들의 민권운동 성공에 고무되어 자기들 자신을 '동성애자'로 재구성하면서, 시와 주 정부의 규제활동에 대한 권리를 내세우며 개입하겠다고 주장하는 중앙집권적 이익집단모델을 들고 나왔다 (Armstrong

2002: 41). 그러나 이 접근방식은 기본적인 순서 문제 때문에 실패했다. 사람들이 자신과 타인을 같은 범주의 구성원이라고 인정한다는 의미의 집단이 '존재'하기도 전에, 그 집단을 대표한다고 주장하는 것이 어떻게 가능했겠는가? 집단정체성의 구축은, 국가 정체성의 형성에서처럼 (3장 참조), 정치·사회 질서를 재정립하는 과정에서 중심적인 과제였다.

흔히 그렇듯이 위협이 되는 존재라고 지정되었던 사실과 억압당했던 경험이 동원의 열쇠였다. 사교장소인 술집은 시 알콜음료단속부(Alcoholic Beverage Control Department)의 기습을 받는 규제 대상이었다. 시 경찰은 동성애자단체와 시의 주요 민권운동가들이 공동으로 후원한 신년무도회를 급습했다. 결과는 예측대로였다. "쾌락 추구자들은 그렇게 정치화되었다"(Armstrong 2002: 49-51). 이런 기습단속들이 '신호가 되는 사건' 역할을 수행했으며, 1989년의 동독에서처럼 (3장 참조), 사람들이 정치적 계산을 할 때 '이탈', '항의', 및 '충성' 사이에서 맞추는 균형을 바꾸게 했다. 그러나 샌프란시스코의 동성애자 운동가들은 그 변화를 실현하기 위해 베이지역(Bay Area)에 뿌리를 내리고 점차 더 활기차게 운동을 전개하던 인근 운동단체 '뉴 레프트'를 끌어들였다. 뉴 레프트가 비록 그 뿌리를 학생운동과 신흥 반문화(counter culture)에 두고 있었지만, 성(性) 정체성을 이해관계와 정체성으로 재구성하는 데 문화적 자료를 제공했다. "소외가 사회에서 그리고 진정으로 진보적인 사회변화의 궁극적인 목표를 달성하는 데 있어서 근본적인 문제가 된다는 가정에 근거하여, 정체성정치 논리는 성 정체성의 비밀이 가지는 의미를 변화시켰다. 동성애자운동가들은 사생활이 필수적이고 자기 보호적인 것이라고 보았다. … 정체성정치의 논리가 성 정체성 공개를 중요한 정치행위이자 심리적 건강을 위해 내딛는 중요한 첫 걸음이라고 규정하는 틀을 제공했다"(Armstrong 2002: 57). 이런 새 전술은 공개적으로 '커밍아웃(coming out)'하는 데 초점을 맞추고, 그 과정에서 성 정체성에 기초한 잠재적 집단들을 점점 더 가시화해서, 후속 '게이 권리' 조직의 기초를 변화시켜 뉴레프트가 쇠락한 후에도 오랫동안 지속될 수 있게 했다.

이런 운동들이 궁극적으로 성 정체성의 범주와 규율을 변화시키는 데 성공한 것을 설명하기 위해, 암스트롱은 정치변화의 핵심 형태로서의 모델 변경에 대한 주장에 의지한다 (Sewell 1992; 4장 참조).

> 사회는 거의 언제나 서로 맞물려가는 분야들의 네트워크에 의해 구성되며, 각 분야는 당연한 것이라고 받아들이는 규칙에 의해 조직된다. 제도화된 개별 영역의 특성과 서로를 강화시키는 관련 분야들의 집합적인 무게는 생각이 가능하고 실행이 가능한 것들 모두에 제한을 가한다. 행위자들은 대개 어떤 종류의 행동이 가능하고 어떤 종류의 행동이 가능하지 않은지에 대해 잘 알고 있다. 이렇게 알고 있는 한계는 사람들이 원한다고 상상할 수 있는 것마저도 형성한다. 분야들 간의 얽힘이 안정적일수

록 문화적 창의성은 제한된다. (Armstrong 2002: 58)

문화적 창의성의 조건에 대한 이 사례를 들어, 암스트롱은 서로 얽힌 네트워크를 통해서 조직된 마이클 만의 사회권력 이미지를 대신할 중요한 대안을 제공한다 (Mann 1986; 1장 참조). 네트워크 연결이 권력을 결합하고 통합하는 기술일 수 있고, 또 그런 결합들은 각기 다른 분야들이 만나는 지점을 나타내기도 한다. 그렇지만 각 결합은 다른 분야를 불안정하게 만들기 위해서나 사회운동들 사이의 친화성 발견을 통해 동원을 강화하기 위해서 변화될 수 있는 행동과 조직화의 레퍼토리를 지원할 수도 있다 (Jung et al. 2014). 그렇게 만나는 지점들 중에서도 사회운동 활동과 제도정치 사이의 접촉지점이 가장 중요하다. 두 가지 변화모델로 돌아가면, 사회운동과 혁명의 동원이 때로는 기존의 정치·사회 질서체계를 재앙적인 파국으로 몰아넣는 형태를 띨 수도 있다. 그러나 때로는 동원이 기존의 정치조직 네트워크 내에서 그리고 네트워크와 함께 움직이면서, 체계 전체에 변형을 일으킴이 없이 예전 질서의 요소들을 해체하고 재결합하고 대체하기도 한다 (Morris 1993).

논쟁정치와 제도정치 간의 상호작용

사회운동은, 동원 프로젝트로서, 다수를 형성하고 이해관계와 정체성을 표출하는 일에 기여할 수 있다. 이런 식으로 사회운동은 방해적이거나 논쟁적이다. 뿐만 아니라, 그것이 참여를 동원해내고 공공문제와 정책적 해결의 틀을 만들어내는 방법을 확산시키는 "형성되기 전의" 유권자 블록들과 네트워크들을 대표하는 한, 정당 전략에 대해 큰 영향을 미칠 수도 있다. 이런 방식으로 사회운동의 영향이 확산될 수 있으며, 또 (정당이 시민들의 사회정체성, 이해관계 및 다른 가능한 미래 요구에 대한 이해를 '표출'한다는 것을 고려하면) 일상적인 선거정치를 통해서도 확대될 수 있다 (de Leon et al. 2015; 5장). 그러나 시민들이 이탈, 항의, 충성이라는 대안을 고려하기에 따라서, 정당과의 만남이 동맹구축 조정운동 작업으로서의 사회운동을 변화시킬 수도 (그리고 어쩌면 해체할 수도) 있다.

논쟁정치와 제도정치 사이의 그런 변환적 상호작용을 보여주는 극적인 사례가 1920년대 '쿠 클럭스 클랜(Ku Klux Klan 또는 KKK)'의 정치권력이라는 미국 정치사에서 결정적으로 난감한 구석으로부터 비롯된다. 현대정치에 대한 우리의 생각을 아주 많이 알려주는 좌우스펙트럼과 인종 간의 정의 문제에 대한 관심을 감안할 때, 비록 내용을 정확하게 파악하기는 어렵지만, 대기업과 월가에 적대적이었다는 구체적인 의미에서 보면, 클랜 단원들 중 많은 사람들도 '진보적'이었다. 그들은 '높은 관세율'에도 적대적이었다. 왜냐하면 그것이 제조업자에게는 이득을 주었지만, 곡물을 수출하여 관세보호로 인해 가격이 높아진 공산품을 구입하는 (대부분 농민인 – 역자 주) 자기들에게는 심한 타격을 주었기 때문이다. 사람들을 클랜에 가담시키는 것이 경제적인 이유뿐만은 아니었다. 그 외에도 조직적인 인종차별주의와 가톨릭 신자들에 대한 종교적 편견의 유혹, 또는 실제로 네트워크 유대를 통한 참여 초대 그리고 사회행사의 호소력 때문에 가입하기도 했다. 이렇게 이해관계와 불만이 교차하는 선들이 뚜렷한 정치동원 맥락을 형성했는데, 이는 특히 제1차 세계대전 후 10년 동안 북부에서 가장 많은 클랜 단원들의 본거지였던 인디애나에서 더욱 그랬다 (Blee 1991). 엉뚱하게 낯선 사람들 이야기처럼 들리겠지만, 다수의 인디애나 클랜 단원들이 처음에는 그때까지도 자유주의적 진보주의의 우상으로 기억되던 위스콘신 출신 상원의원 라폴리트(Robert La Follette)의 1924년 대통령선거운동에 호의적이었다. 그러나 클랜이 선거에 임해서는 의심할 여지가 없이 친기업적인 공화당 후보 쿨리지(Calvin Coolidge)를 지지했다 (McVeigh et al. 2004: 654). 이 돌변 사태를 무엇으로 설명할 수 있는가? 이것이 먼슨의 낙태반대운동 분석(Munson 2008)에 의해 이미 복잡해진 선호와 참여 사이의 관계에 대한 우리의 이해에 어떤 도움이 되는가?

참가자들의 본래 선호와 상충되어 보이는 결과를 이해하기 위해서, 맥베이(Rory McVeigh) 등은 동원이나 짜 맞추기 과정(framing process), 특히 새로운 사회결속 패턴을 만들기 위해 지도자들이 어떻게 '사회적 봉쇄'(1장)와 유사한 과정을 작동시키는지에 우리의 주의를 집중시킨다. "집단정체성의 경계를 구축하고 강화하는 방법 중의 하나가 지지자와 비지지자를 구별하는 특성, 전통, 문화적 가치를 강조하는 것이다"(McVeigh et al. 2004: 656). 그러나 이런 노력이 성공하면, 그것이 조직자들의 동원 대상이 아닌 사람들과 새로운 갈등전선을 만드는 효과를 낼 수도 있다. 이것이 운동가들에게 도전을 제기한다. "운동가들이 덜 배타적이고 덜 적대적인 자세를 가짐으로써 지지를 광범위하게 확대할 수 있지만, 거기에는 그들의 핵심 지지자들을 잃을 수 있다는 위험이 따르기" 때문이다 (McVeigh et al. 2004: 657). 연방체제에서는, 인디애나 같은 주에서 클랜과 동맹을 맺어 얻을 수 있는 이익이 그런 동맹에 대한 주 외부의 인식에서 비롯되는 손해보다 훨씬 작았다. 클랜의 인종차별주의와 특별히 가톨릭교도에 대한 그리고 보다 일반적으로는 이민자들에 대한 적대감을 혐오하는 많은 사람들이 그 동맹에 부정적이었기 때문이었다. "이 운동이 배타적인 경계선을 친다는 것은 (특히 인디애나 밖의) 여러 곳에서 클랜에 동조하는 모든 사람들에 대해 심각한 정치적 반대가 나타날 수 있다는 것을 의미했다"(McVeigh et al. 2004: 678). 라폴리트는 물론 민주당 후보도 그런 오명에서 벗어나기 위해 명시적으로 클랜을 부인했다. 그래서 클랜이 선거에서 영향력을 행사할 대상은 그 동맹에 대해 침묵을 지켜온 친 기업적 공화당 후보 밖에 없게 되었다. "(캘빈) 쿨리지는 가톨릭 신자, 이민자, 아프리카계 미국인들로부터 표를 잃을 위험을 무릅쓰고 클랜에 대해 비난하기를 거부하면서, 다른 한편으로는 전국의 수백만 클랜 단원들로부터 표를 얻어 이득을 보았다. 그는 클랜 단원은 아니지만 클랜 운동이 자기들의 경계선 안에 '포함시킨' 토박이 백인 개신교도들로부터도 표를 얻었다"(McVeigh et al. 2004: 678).

1924년 클랜을 둘러싼 선거 동학은 '사회적 봉쇄'와 경계구축 과정이 "적의 적은 친구"라는 논리에 따라 어떻게 동맹 변화를 촉발시킬 수 있는지를 보여준다. 운동은 신호 기능을 통해서 정당정치에 영향을 미치면서, 수익을 창출하는 회사나 정치사업가들이 환심을 사려고 하는 새 지지층을 가시화시킬 수 있다 (3장; Pfaff and Kim 2003). 모라(Cristina Mora)는, 인종운동가들이 분야를 넘나들며 일하면서 어떻게 '히스패닉'이라는 정체성 범주를 만들어서, 미국 인구조사국(US Census Bureau)으로 하여금 민족 또는 인종 정체성에 따라 소속 인구수를 세는 방법을 바꾸게 하여, 방송사와 소매업자들이 그들의 보도와 광고에서 목표로 삼는 인구 범주를 가지고 있다고, 또 때로는 지방, 주 및 전국 정치에서 아주 적실성 있는 지지층 범주를 가지고 있다고 주장할 수 있게 했는가를 추적했다 (Mora 2014).

운동이 호소 대상 유권자로서나 공천과정과 선거에 대한 적극적인 참여자로서 선거정치를 지향하면, 거기에는 위기뿐만 아니라 기회도 있다. 그러나 운동과 정당이 아무리 가까울지라도, 그들 간의 협력은 참가자들이 자신의 활동과 정치적 결과 또는 더 넓은 사회변화 사이의 연관성에 대해 생각하는 방식을 바꾸게 할 수 있다. 히니(Michael Heaney)와 로하스(Fabio Rojas)는 9·11테러 이후 미국의 이라크 및 아프가니스탄 침공에 대한 반전운동 연구에서, 1924년 인디애나 클랜의 경우에서 본 것과 유사한 운동과 당 사이의 역학관계를 분석했다 (Fabio and Rojas 2015). 그렇지만 그 두 사건에서 각기 당면했던 문제와 행위자들이 정치적으로 개입했던 정도는 전혀 달랐다. "사회운동에 참여하는 지지자를 가진 정당들은 대체로 더 넓은 스펙트럼의 유권자에게 호소하기 위해 강령을 확대한다. 이런 확대는 당의 의제를 흔히 급진적인 정치성을 띤 사회운동 목표로부터 멀어지게 한다. 그래서 당파적 접근은 이슈에 대해 온건한 입장을 취하도록 압력을 가하게 하고, 반면에 운동적 접근방식이 내세우는 이슈에 대한 순수한 입장은 다수의 지지를 받지 못하는 경향이 있다"(Fabio and Rojas 2015: 20; 정당 역학관계에 대해서는 [Downs 1957] 참조). 이것은 읽기에 따라 운동행위자들과 정당활동가들 사이의 관계에서 양측 모두에게 반드시 실패와 실망을 초래한다고 받아들여질 수 있다. 그러나 히니와 로하스의 주장대로, 상호작용 자체가 그에 참여한 사람들 중 하나 또는 둘 모두를 변화시킬 수 있다. 반전운동은 결국 2008년 오바마(Barack Obama)가 민주당 대통령 후보로 지명되는 것을 지지했다. 그러나 운동활동가들은 "그들의 사람"을 대통령에 취임시킨 후, 대통령의 권한이 전쟁을 종식시키기에 충분할 것이라고 기대하거나 자신들의 후보였던 사람을 불신하지 않기 위해서 동원을 해제했다. 역설적이게도, 지명과정에 대한 영향력 행사라는 면에서 "성공을 거둔" 동원이 그들이 추구하던 군사적 철수를 확보해줄 수는 없는 것으로 판명되었다. 비록 오바마의 외교정책 기조가 (전면적인 군사력 감축이 아니라면) 상당한 군사력 감축과 적어도 재래식 군대의 추가 개입에 대한 혐오로 이어졌지만 말이다. 그러나 오바마의 집권 2기가 끝나갈 무렵까지도 중동분쟁에 개입하기 위해 병력을 추가로 파견할 것인가의 문제는 계속해서 의제에 올라있었고, 이는 인상적인 항의운동이 상당한 그리고 지속적인 변화를 보장할 수 있는 능력을 가졌는가에 대해서 의문이 들게 했다.

정치에 대한 접근권 확대가 오히려 운동을 무기력하게 만드는 효과가 이라크와 아프가니스탄에 대한 미국의 침공이 예견되는 가운데 등장했던 반전운동에서만 나타난 것은 아니다. 10년 전 새 민주당 대통령의 당선이 에이즈 반대 동원에 비슷한 영향을 미쳤었다. 굴드(Deborah Gould)가 『움직이는 정치(Moving Politics)』에서 주장하듯이, ACT-UP(AIDS Coalition to Unleash Power, 미국에서 정부의 에이즈 대책 강화를 요구하는 단체 - 역자 주) 지부들이 전국적으로 전개했던 격렬한 직접행동 캠페인은, 완치는 물론 희망치료조차 가까운 장래에는 실현되지 못할 것이라는 의학연구자들의 실망스러운 보고 때문에, 이미 뒤흔들리고 있었다 (Gould 2009). 친구, 연인, 가족의 생명을 구하겠다는 바람에 의해서 촉발된 수 년 간의 활동 이후에, 새롭게 절망감이 떠오르면서, 이 문제에 대해 더 우호적인 연방정부에 의지하는 것이 훨씬 더 호소력 있는 선택으로 보이게 되었다. 그리고 클린턴(Bill Clinton) 행정부는 제도정치와 정책 개발을 통해서 실제로 새로운 참여 기회를 제시하면서, 이와 함께 공중보건과 생의학 연구에서 전문가들과 함께 일하는 데 필요한 보다 온화하고 전문적인 에티켓도 갖추라고 요구했다. 슬픔, 사랑, 분노, 희망, 절망이라는 심오한 감정상의 역학관계가 활동의 형태와 초점은 물론 정책 입안자들과 정치관료들의 반응까지도 변하게 만들었다.

사회운동과 변화궤적

사회운동과 사회변화의 연관성을 추적하기 위해서는 단순인과관계모델을 넘어서는 것이 필요하다. 항의가 많을수록 변화도 많아진다. 정체성, 이해관계, 네트워크, 자원 및 제도정치와의 관계 등이 중요하다는 것을 생각하면, 사회운동 참여가 여러 경로를 따라 사회변화에 기여할 수 있다는 것이 확실하다. 맥아담, 먼슨 및 비테르나 같은 학자들이 말한 바와 같이, 참여는 사람들 각자에게 직접적인 영향을 미치면서 그들의 태도, 행동 및 가치를 변화시킬 수 있다. 여기서 핵심적인 영향은 운동 목표의 달성 여부라는 측면에서 이해되는 것이 아니다. 그 영향은 참가자들 자신에게 미친다.

지속적인 사회변화로 가는 두 번째 경로는 참가자들의 개인 생활에 미치는 영향보다는 광범위한 태도 변화를 통해서 작용한다. 브룩스(Clem Brooks)는 놀랄만한 반사실적 분석을 통한 연구에서, 1960년대의 운동이 그에 참여하지 않았던 사람들에게 중요했다는 것을 입증한다 (Brooks 2000). 브룩스는 (아프리카계 미국인, 여성, 게이와 레즈비언의) 민권에 대한 태도에 나타난 상당한 변화가 단지 "표면적인 자유주의"를 보여줄 뿐이라는 주장에 반대하면서, 통계적인 반사실적 추론을 통해서 이렇게 지속되는 태도의 분포가 대통령선거에서 시민들의 정당 선택 방식에 나타난 중요한 변화와 관련되어 있다는 것을 보여준다. 민권에 대해 자유주의적 태도를 가진 사람들이 민주당 대통령 후보에게 투표할 가능성이 높기 때문에 운동 활동이 유권자들의 태도 분포를 변화시켰던 것만큼, 그런 운동은 기표소를 통해서 정치를 변화시키는 데 기여했다. 브룩스는 "민권에 대한 태도에 (자유주의적인) 변화가 없었다면 민주당 후보들은 1972년부터 1996년까지의 **모든 대통령 선거에서 패배했을 것**"이라는 결론을 내린다 (Brooks 2000: 500). 여기서, 운동은 참가자들뿐만 아니라 더 광범위한 유권자들의 태도까지도 변화시키면서 정당들이 공직을 두고 경쟁하는 지형을 바꾼다.

마지막으로, 사회운동과 반정부운동은 새로운 사회적 맥락을 만들어냄으로써 오래 지속되는 결과를 초래하기도 한다. 암스트롱이 샌프란시스코의 게이와 레즈비언 조직화에 대한 연구에서 입증했듯이, 운동은 인정을 받아내고 정책상의 변화를 확보했을 뿐만 아니라, 새로운 종류의 조직과 공동체를 만들어내도록 촉진하기도 했다. 결국 이 운동들은, 제도정치에 반영되고 길게 이어지는 운동사건들의 일부로서 훨씬 더 새로운 형태의 동원을 유발하는 맥락으로 작용하면서, (후보자들의 이니시어티브와 당선을 통해서 그리고 법정을 통해서) 기존 결혼제도 안에서 새로운 권리가 인정될 수 있게 만들었다.

사회운동에 관한 연구는 정치사회학에 가장 핵심적인 질문을 제기한다. 기존의 권력구조를 복원하거나 재생산하기 위한 압력을 생성하는 요소들과 변화를 전파하고 증폭시키는 요소들 사이의 어디에서 균형을 잡아야할 것인가? 왜 사람들이 어떤 때는 그냥 분노와 억압경험을 안고 살아가고, 또 어떤 때는 변화시키지 못하면서도 동원하며, 또 어떤 때는 동원이 (비록 활동가들이 원하는 만큼 자주 그러는 것은 아니지만) 정치제도에 중요한 변혁을 가져오고 새로운 정치권력 조직 방식을 만들어내는가를 어떻게 이해할 수 있을까?

초국가주의와 정치질서의 미래(들)

초기 정치질서의 역사에 여러 가지 독창적인 정치질서 형태들이 한꺼번에 많이 등장했지만, 지난 몇 세기 동안에는 제국과 민족국가 및 제국 내 민족국가들의 역학관계가 세계 정치조직의 지배적인 모습을 이루고 있었다. 그러나 제2차 세계대전이 끝난 후 수십 년 동안 민족국가가 최고의 전성기를 구가했었다면, 변화의 흐름은 다시 한 번 바뀌면서 민족국가의 경계에 도전하여 새로운 형태의 정치질서를 만들어내고 있다. 마코프(John Markoff)의 설명에 의하면, 현대 정치논의에서는 "아직까지도 일정한 영토를 가진 국가가 중심적인 실체라고 전제하고 있다. 그러나 21세기 초에는 그런 개념에 중대한 변화가 일어날 것이라고 예상할만한 이유가 아주 많다 (Markoff 2013: 13). 초국가적 연결망, (유럽연합[EU: European Union]

에서 국제통화기금[IMF: International Monetary Fund]에 이르는) 초국가적 의사결정 구조의 발달, 그리고 민족국가들 간의 엄청난 부와 힘의 불균형 등이 그런 초국가적 정치기구 안에서 민주주의가 구현될지에 대해서 의문이 들게 한다."

변화의 원천 한 가지는 분명하다. 여행, 통신, 문화 또는 무역 측면에서 보아 점점 더 지구화되는 세계에서, 위기와 불만과 열망을 민족국가 내에 쉽게 잡아둘 수는 없다. 만(Michael Mann)의 용어를 빌어 말하자면, 주요 '사회적 우리'들이 점점 더 스스로를 억제하지 못하고 있다. 다국적기업과 자유무역협정에 반대하는 시위나, 일자리를 찾고 또 정치적 망명지를 찾는 이민자들을 지지하거나 반대하는 시위들이 일어나고 있다. 미국과 멕시코 사이의 국경에 친 장벽, 멀리 떨어진 곳에서 발생한 사건에 의해 불안해진 주식시장의 폭락, 국제항공편을 통해 확산되는 전염병 보도를 보거나 바람에 의해 확산돼온 오염된 공기나 방사능 공해 기둥 같은 것들을 보면, 경제, 정치, 환경 과정들이 국가 경계를 넘나드는 것이 분명하다.

이러한 현상들이 새로운 것은 아니지만, 새 통신기술, 빨라진 뉴스 주기 그리고 가속화된 교통의 시대에는, 더 빠르고, 더 강하고, 더 선명하게 나타난다. 이런 모든 사태발전이 우리에게 민족국가가 정치질서의 모델로서 지배적인 위치를 차지하는 문제를 다시 한 번 살펴보라고 요구하면서, 정치적 동원과 행동 가능성에 대해서 몇 가지 새로운 질문을 제기한다. 어떻게 국경을 초월하여 정치적 행동을 조직할 수 있을까? 국가정치 내부의 행위자들이 어떻게 국경을 넘어 전개되는 문제들을 해결할 수 있을까? 그리고, 국제 민간 및 공공 행위자 체제가 복잡한 규제와 시장역학의 복합체에 의해서 좌우되는 것을 반대하는 데 있어서, 어떤 종류의 정치가 가능할까?

세계사회와 국가건설

국가건설과정은 국경선 안에 갇혀있지 않았다. 틸리(Charles Tilly)의 주장을 되짚어 보면(2장), 국가체제 내부의 경쟁이 일정한 영토 내의 개별적인 국가건설 프로젝트를 촉진한다. 국가를 건설하려는 사람이라면 누구나 인근 정치질서의 위협에 맞서거나 극복하기 위해서 통제력을 중앙에 집중하고 자원을 동원하기 위해 노력해야 한다. 그러나 국가들이 서로 경쟁하며 발전하면서도 대부분 왜 그렇게 서로 닮아 가는지가 궁금하다. 좀 더 구체적으로, 왜 민족국가가 지배적인 정치조직 모델이 되었고, 전 세계에 걸쳐서 복제되고, 다른 국가들의 승인을 받으며, 점점 더 많은 (유엔 같은) 국제기구들의 가입자격을 갖게 되는가?

마이어(John Meyer)와 그의 동료들은, 현재 협력하여 구축 중인 (국가정책, 정치제도, 경제 및 인구통계학적 요인, 조약 채택, 국제기구 가입 등을 추적하는) 국가 간 종단 데이터 세트의 도움을 받아, 강력한 이론모델을 개발해왔다. 그들의 핵심 주장은 다음과 같은 형태를 취한다.

현대 민족국가의 다양한 모습들은 전 지구적인 문화 및 결사체 과정을 통해서 형성되고 전파되는 전 세계적인 모델들에서 비롯된다. 이러한 모델들과 이들이 반영하는 목적들(예를 들면, 평등, 사회경제적 진보, 인간개발)은 매우 합리화되고, 정연하고, 때로는 놀라울 정도로 합의적인 것들이다. 전 세계적인 모델들이 지역 활동을 위한 의제를 형성하고 정당화하면서, (기업, 정치, 교육, 의료, 과학, 심지어 가정과 종교 등과 같이) 사실상 모든 합리화된 사회생활 영역에서 민족국가와 기타 국가 및 지역 행위자들의 구조와 정책을 형성한다. (Meyer et al. 1997: 144-145)

이 논의에서 사회학적 제도주의의 중심적 특성인 '고차(higher order)' 또는 하향식 효과를 두고 핵심 주장이 제기된다 (5장 참조). 강력한 문화논쟁에서, 마이어와 그의 동료들은 국가가 (일종의 범주적 소속감과 연결되는 국가, 즉 '민족국가'가 될 것이라는 기대를 포함해서) 어떤 모습이어야 하는지 그리고 어떤 요소들을 포함할 것인지에 대해서 일련의 공통적인 믿음이나 기대가 있다고 주장한다. 인구통계학적, 환경적 또는 경제적 상황과 관계없이, 새로 건설된 국가는 정부수반, 고유의 화폐와 우표, 정부 부처들 그리고 (흔히 주요 도시나 지평선으로 향하는 자갈길 같은 것으로 고속도로들이 펼쳐지는 아주 인상적인 공항 같은) 지정된 중심 장소 등을 보유할 것이라고 기대된다. 결과적으로, 이 주장을 지지하는 핵심적인 경험 증거는 기능적 요구와 공식 정치조직 사이에 "관련이 없다는 것"을 발견하는 형태를 취한다. 바꿔 말하자면, 한 나라가 대략 5세에서 16세 사이의 아이들에게 필요한 학년별 교육시스템을 가질 가능성은 그 나라의 경제발전 수준이나 심지어 문자해득률과도 통계적인 관련이 없다 (Meyer et al. 1992). 민족국가는 이런 정책들이 민족국가에 대한 기대의 일부이기 때문에 그것들을 채택한다.

이렇게 민족국가를 세계문화에 내재된 국가모델이라고 개념화하자는 강력한 주장은 앞의 여러 장에서 접했던 국가건설과 국가이미지 형성 과정에 대한 사고방식과 뚜렷하게 대조된다. 앞서 언급된 그 사고방식들로는 틸리가 권력을 중앙에 집중하고 자원을 동원하며 전쟁을 일으키는 정치행위자들의 도구적인 활동에 초점을 맞춘 것, 정치조직이 특정 민족의 내구적인 문화적·종교적 전통에서 비롯된다는 엘라자르(Daniel Elazar)의 정치조직 이미지, 또는 무역과 경쟁의 세계적인 흐름 속 교점에서 국가발전을 추적하는 (제국, 무역네트워크 및 종속발전 등에 대한 분석을 포함한) 여러 문헌들 등을 들 수 있다.

그러나 민족국가로부터 전 지구적 과정으로의 전환이 항상 그처럼 집요하게 문화적인 형태를 취하지는 않는다. 마이어와 그의 동료들이 세계사회나 세계문화를 공통의 의미·기대체계로 생각한 데 반하여, 다른 사람들은 동원 노력과 '항의' 실행이 국경의 구속을 받지 않는 '세계정치체(world polity)'를 이론화했다. 물론 그들 중 어느 것도 정치행동을 유발하는 문제나 기회가 아니다.

초국가적 문제에 대한 민주주의적 대응

에반스(Rhonda Evans)와 케이(Tamara Kay)는 북미자유무역협정(NAFTA: North American Free Trade Agreement) 협상 및 채택 과정에서 일어났던 노동운동 및 환경운동에 대한 비교연구에서, 예상치 못하게 국경을 넘어 펼쳐지는 놀랄 만한 정치동학 사례를 보여준다 (Evans and Kay 2008). 북미자유무역협정의 정치는, 멕시코, 미국, 캐나다 사이의 3개국 자유무역지대를 만들려는 의도에서, 활동가들이 자국 정치에서 이미 쟁취한 것들을 위협하였다. 노조 지도자들은 멕시코 노동자들과의 경쟁으로 인해서 임금협정과 작업장에 대한 규제가 훼손될까봐 우려했다. 환경활동가들은 국가, 주 및 지방의 법규에 들어있는 규제체제를 보호하고자 했다.

선거에서의 지지분포가 정책결과를 결정한다는 기본모델을 되돌아보면(4장 참조), 상당히 간단한 예측이 나온다. 가입자, 재정형편 그리고 정치적 네트워크의 종합이라는 기준에서 힘이 있다고 판단되는 운동가집단들이 자유무역협정으로 인한 피해를 가장 성공적으로 최소화할 것이라고 예측된다. '자원 동원' 이론의 관점에서 보면(6장 참조), 의심할 여지 없이 조직노동자들이 환경운동가 및 비영리단체 네트워크보다 더 큰 힘을 가지고 있다고 여겨진다. 하지만 놀랍게도, 북미자유무역협정에 포함된 '추가협약'의 힘이라는 측면에서는 환경론자들이 더 좋은 결과를 얻어냈다. 그 '힘'은 그들의 요구가 정당하다고 인정받는 데서 그리고 협상가에 대한 운동가들의 접근권에서 구체화된다. 그 결과 "새로운 초국가적 사법기관과 집행기구"가 창설되었다 (Evans and Kay 2008: 970-971). 환경운동가들은 '환경'을 무역문제로 재구성해서, 무역협상가들에게 새로운 정치적 압력을 가할 수 있었다. 환경운동가들은 처음부터 (많은 주류 노동단체의 전략이었던) 이 조약을 전면적으로 폐기하는 것보다는 채택이 예상되었던 추가협약 내용에 영향력을 행사하기 위해서 동원했다.

사회운동이 어떻게 초국가적 협정형태를 만들어낼 수 있었는지를 보여주는 두 번째 사례는 삼림 및 의류 산업에서 노동 및 환경 조건에 관한 새 민간규제체제가 출현한 것이다. 바틀리(Tim Bartley)가 보여준 바와 같이, 이때 당면했던 문제는 북미자유무역협정 협상의 중심적인 당면문제들과 매우 흡사했다 (Bartley 2007). 비슷한 패턴을 보이는 결과들도 있었다. 예를 들면, 환경에 대한 요구가 중요했던 임업분야에서는 지속가능한 임업이라는 면에서 다소 강한 결과가 나왔고, 노동권과 규제에 대한 주장이 중심이었던 의류산업에서는 다소 약한 결과가 나왔다. 그러나 북미자유무역협정을 둘러싼 동원과는 대조적으로, 매우 다른 정치적 경로를 따라서 행동이 이루어졌고, 다른 행위자 집단들이 관련되었다. 임업분야 동원에는 환경운동가들뿐만 아니라 목재노동자들과 환경보호론자들도 사회운동이라는 측면에서 참여했다. '반(反)스웻숍운동(anti-sweatshop movement: 열악한 작업 환경에 반대하는 운동 - 역자 주)'에는 노동권운동가뿐만 아니라 소비자운동가들도 참여했다. 북미자유무역협정의 경우와 더욱 더 대조적이었던 것은 선출직 공무원들이 별로 참여하지 않았다는 점이다. 경제활동에 대한 타 행정기관들의 제재권한을 제한하기 위해 자유무역협정을 사전 채택했던 중앙정부는 그로 인해서 제약을 받았다. 끝으로 민간기업들은 이런 갈등에서 때로는 표적으로서 또 때로는 주저하는 협력자로서 두드러진 역할을 했다.

바틀리가 이해하기 어려웠던 것은 검사 및 인증 제도와 함께 (지속 가능한 임업, 열악하지 않은 작업장에서 만든 의류, "돌고래를 해치지 않고 잡은" 참치에 대한) '승인'으로 대표되는 새로운 민간경제규제체계가 창설된 것이었다. 처음에는 국가 간 무역협정의 맥락에서 대두되었던 이슈들이 '포럼전환(forum shifting)' 과정에서 소비자 및 환경 분야로 옮겨갔다. 의류소매상과 주택건설체인 같이 생산체제의 끝자락에 있던 기업들을 설득하여 런닝화 생산자나 상업용 삼림 관리자들에게 압력을 가할 수 있었다. 이런 새 규제체제들이 순전히 시장기반 문제들을 해결하려는 기업들이 노력한 산물로서 등장한 것이라고 말할 수는 없지만, 그것들은 "기업은 물론 국가와 비정부기구 및 기타 비(非)시장행위자들이 관련된 갈등에서 나온 협상을 통한 해결과 제도구축 프로젝트를 반영한다"고

바틀리는 주장한다 (Bartley 2007: 299). 사실상 이 민간규제체제는 차선의 정치를 보여주는 하나의 예인데, "이런 비정부기구의 제도적 기업가정신은 정부 간 영역에서 경험했던 실패와 포럼전환 전략에서 비롯되었다" (Bartley 2007: 332).

에반스와 케이뿐만 아니라 바틀리도 (사회운동에 대한 이전의 논의에서 이미 친숙해진) 변화과정에 대해서 말하고 있다 (6장). 암스트롱(Elizabeth Armstrong)처럼, 만약 사회가 "각기 당연시 되는 규칙에 따라 조직되어 서로 맞물리는 여러 분야들의 네트워크로 구성된다"고 생각한다면 (Armstrong 2002: 58), 이런 분야들의 중복, 경계선, 교차점은, 정책결정에서, 동원된 활동가들에게 규제 및 참여 조건을 변경하려고 시도할 기회를 제공한다. 바틀리가 결론 내린 바와 같이, "다수의 영역이 있는 복잡한 다단계 제도 환경의 존재는 이런 유형의 제도적으로 내재된 기관이 기존 사회질서를 단순히 재생산하기보다는 그 질서에 어느 정도의 **변화**를 일으킬 수 있도록 허용한다" (Bartley 2007: 311).

국경을 넘는 동원

새로운 규제 및 조정 형태가 등장하면서, 초국가적 정치가 새로운 어떤 것, 또는 적어도 유엔과 그 산하의 기관 및 위원회 같은 조직들이 설립된 제2차 세계대전 이후 수십 년 동안에 나타난 독특한 것이라는 생각이 들게 한다. 그러나 켁(Margaret

Keck)과 시킹크(Kathryn Sikkink)가 말하는 것처럼, 현대의 초국가적 정책옹호 네트워크들(networks of transnational advocacy)의 출발점은 노예제도와 노예 거래의 종식 그리고 여성의 할례와 전족(footbinding)의 불법화를 위해 일찍이 일어났던 동원까지 거슬러 올라가 찾을 수 있다 (Keck and Sikkink 1998: 39). 대부분의 경우 이런 동원은 제국들이 정치적·경제적 질서체계로서 만들었던 식민지화, 무역, 문화교류의 네트워크를 따라 일어났다.

스타마토프(Peter Stamatov)는 20세기에 초점을 맞춘 초국가적 정책옹호 관련 문헌이 지나치게 예언자적이라고 강력하게 비판한다 (Stamatov 2010). 그는 자기의 주장을 돋보이게 만들기 위해서 틸리를 일차적인 목표로 삼아, 사회운동의 기원에 대한 역사연구가 지나치게 본능적으로 세속적이며, 따라서 종교가 새로운 형태의 정치조직화를 위한 모체로서 수행하는 중심 역할을 무시한다고 주장한다 (그러나 [Young 2006] 참조). 이와 같이 기존 주장이 가진 두 가지 한계는 국가 출현에 대한 대응으로서의 현대 사회운동의 기원이 어디에 있는가를 밝힌 바로 그 주장까지 거슬러 올라가는 곳에 근원을 두고 있다 (Tilly 1995). 그러나 스타마토프는 국경 안에다 초점을 맞추는 대신, 제국이 새로운 형태의 동원이 일어난 모체라고 주장한다. "급진적인 종교행위자들은 다른 제국주의 행위자들과의 대립에서 확실하게 종교적인 이해관계를 따르면서, 유럽 제국주의의 궤도에 편입되었으면서도 지리적으로나 문화적으로 거리가 먼 사람들 중 실제로 기독교로 개종했거나 개종할 가능성이 있는 사람들의 복지를 지켜내기 위해 동원했다"(Stamatov 2010: 608). 그래서 정치질서체제로서의 제국 구조는 (파농[Frantz Fanon]의 비판을 불러일으킨) 식민지인들의 탈인간화만이 유일한 대응이라고 규정하지는 않았다 (2장). 다른 행위자들은 종교에 바탕을 둔 뚜렷한 문화적 사명감을 가지고 제국주의 경제의 착취프로젝트에 반대하는 세력으로 성장했다.

스타마토프는 이 두 가지 비판을 제기하면서 현재 역사사회학을 주도하는 몇몇 인물들과 맞붙을 발판을 마련했다. 스타마토프의 연구는, 특정 자원 기반에 의해 구분되는 네트워크들의 교차점에 대한 마이클 만의 이미지를 환기시키면서, 그런 교차가 완전하게 이뤄지지 않고 그 대신 새로운 정치형태가 생성될 수 있는 내구적인 논쟁구역을 만들어낼 수 있다는 것을 알게 됨으로써 얼마나 많은 영향력을 얻을 수 있게 되는지를 보여준다. "종교적 행위자들이 특히 (기독교의 확산과 영혼의 구원 같은) 종교적인 관심사에 이끌려 처음에는 정치활동을 추구하지 않았다. 그들은 자기들의 전도를 방해하고 기독교윤리를 위반한다고 인식된 세속주의적 반대 네트워크와 양립할 수 없는 갈등을 겪은 후에야 정치적 입장 옹호의 길(course of political advocacy)로 나섰다"(Stamatov 2010: 615). 초국가적 정책옹호 연구가 증명했듯이, 분쟁·경쟁 관계에 있는 제국구조와 국가체제는 규칙적으로 그런 동원을 발생시킨다. 중요한 것은 기존의 초국가적 권력 구성에 대항하는 동원들이 때로는 새로운 정치질서 형태의 씨앗을 생성시킨다는 점이다.

세계사회에서 세계정치체로

많은 사람들은, 단지 국제연합 같은 어떤 것이 국가 입법부에 해당하는 상급기관으로서의 역할을 수행하는 '세계시민(world citizenry)' 개념을 지지함으로써, 글로벌 정치체제를 도입하려는 유혹을 받아왔다. 그러나 '세계정치체(world polity)'를 선언하고 나서, 그것이 반드시 대의제와 책임정부로 대표되는 민주주의체제와 유사하게 작동할 것이라고 가정하는 것만으로는 충분치 않다. 특정 국내정치 요소들에 비견될만한 것들을 세계 수준에서 볼 수 있다고 해도, 다른 것들이 너무나도 많이 결여되어 있다. 그중에서 최소한 두 가지를 들 수 있는데, 하나는 "세계정치체가 시민들과 (그들의 삶에 간접적으로만 관여하는 것이 아니라, 민족국가에서와 같이 시민으로서의 권리를 보장함으로써) 접촉할 수 있는 메커니즘이고, … 다른 하나는 이 초국가적 정치질서의 시민을 이루는 개인과 집단에 의한 민주적인 참여형태다"(Watkins et al. 2012: 306).

비영리기구(미국에서 사용하는 개념)나 비정부기구(기타 세계 대부분의 국가에서 사용하는 개념)의 수가 급증하는 데서, 이런 초국가적 정치질서의 기반구조라고 볼 수 있는 것을 찾을 수 있다. 이런 단체들 중 일부는 위에서 논의한 초국가적 정책옹호와 관련되어 있고, 나머지는 인도주의적 구호, 개발원조, 의료활동 및 기타 모든 종류의 자선활동 임무를 수행하고 있다.

2장에서 논의한 제국 문제들과의 비교를 통해서, 일종의 정치체인 비영리세계에 제기된 도전들을 확실하게 보여줄 수 있다. 네덜란드동인도회사에 파견된 '회사원들'이 네덜란드 본국에 있는 '주인들'의 대리인이었던 것과 같이 (Adams 1996), 이런 비영리기구들도 개별 민간인, 재단, 정부 등 각종 기부자들의 대리인이라고 볼 수 있다. 그러나 민주적 규범이 만연한 시대에, 이런 비영리기구들도 어떤 의미에서는 그들이 봉사하고자 하는 지역사회와 사람들에 대해서 책임을 져야한다. 그래서 "외국 기부자들이 당면한 핵심 문제는 실제 수혜자들을 직접 접촉하지 못하고 타 단체의 '원조 체인'을 통해서 활동할 수밖에 없다는 것이다"(Watkins et al. 2012: 287). 이런 의존은 종종 회계 또는 '메트릭스(metrics: 업무 수행 결과를 보여주는 계량적 분석 - 역자 주)' 관료체제를 통해서 관리된다. 그리고 그것은 다시, 중간단계 비정부기구들이 (기존 수혜자집단 내에서의 지원이나 절대적인 필요성 평가와 같은) 다른 기준에 의해 유도되기 보다는, 기부자가 인정하는 결과를 산출하는 프로젝트에 주의를 집중하도록 동기를 부여한다 (Krause 2014). 이와 같이 '책임성'과 '측정 가능한 결과'에 대한 요구가 기록체계 면에서 어려우면서도 '해결 가능한' 문제들을 위해 노력하게 하는 독특한 형태의 정책피드백을 산출한다 (5장 참조; Watkins et al. 2012: 299).

중간단계 비정부기구들은 기부자들의 지속적인 지원을 기대할 수 없기 때문에, 예정된 수혜자들의 참여와 선호에 부응하는 만큼 기부자들의 기대에도 부응한다. 이렇게 비정부기구들이 흔히 시민참여 담론에 연계되어 있음에도 불구하고, 반드시 그만큼 정치참여 고리의 요소로서 기능하는 것은 아니다. 왓킨스(Susan Watkins)와 그녀의 동료들이 설명한 바와 같이 (Watkins et al. 2012: 296), "비정부기구의 목표가 가지는 기본적인 딜레마는 이타주의 자체의 역설적인 성격에서 비롯된다. 타인의 이익을 위해 행동하는 이타주의자는 타인이 정말로 원하는 것을 제공할 수도 있고 그렇지 않을 수도 있다. … 만약 이타주의의 수혜자가 자기가 원하는 것을 얻을 수 없다면, 이 과정을 주도하는 것은 필요한 것에 대한 수혜자의 의견이 아니라 이타주의자의 의견이다." 비정부기구체제 내의 권력 작동방식을 알게 되면, 국경을 넘어서 '조직화된 이타주의' 체제에서 의미 있는 민주정치나 참여정치가 어느 정도나 가능한지에 대해 의문을 갖게 된다.

'세계정치체'로 나가는 두 번째 (아마도 보다 확실한) 길은 기존의 국제기구들보다 훨씬 더 포괄적인 국제기구를 건설하는 것이다. 포괄적인 기구란, 거의 보편적인 국제기구라고 할 수 있는 국제연합, 무역에 중심을 둔 북미자유무역협정 같은 특정 지역기구, 또는 유럽연합의 창설과 확장같이 훨씬 더 야심찬 프로젝트 등보다도 훨씬 더 포괄적인 기구를 의미한다. 이와 같은 프로젝트들은, 비록 많은 정치활동이 여전히 국내 문제에 초점을 맞추고 있지만, '민주주의 결핍(democratic deficit)'이라고 인식되는 현상에 대응하기 위해서 브뤼셀의 유럽연합 본부에 동원하여 시위하는 많은 유럽 국가 시민들과 함께, 새로운 정치패턴을 만들어낸다 (Fligstein 2008: 207-241). 그러나 기업들은 자신들의 활동이 국가별로 각기 다른 규제체제를 보다 쉽게 피해갈 수 있도록 유럽노선(Fligstein 2008: 88-122)에 따라 스스로를 재정비했다. 기업들은 유럽연합 자원의 기관들을 통해서 유럽 복지국가의 중심이 되는 재분배 프로젝트를 약화시키는 정책을 밀고나가면서 (5장), 새로운 불만 요인을 만들어내고, 보편적 사회서비스시스템이 유지시켜온 결속력을 흐트러트릴 수 있다 (Berezin 2009). 그런 불일치가, 새로운 관리방식을 고안해 내도록하기 위해, 더 많은 비판과 반복적인 촉구메시지를 만들어낸다. 이렇게 노력하는 데서, 국가건설과 민족주의에 관한 연구에서 익숙해졌던 많은 과정들이 다시 나타난다 (2장).

세 번째 경로는 초국가적 또는 지구적 규범과 민족국가 내부의 법 제정이 역동적으로 만나는 데서 정해진다. 운동활동가들과 기업행위자들이 새로운 민간규제체계를 만들어내는 것과 같은 방식으로 (Bartley 2007), 기업행위자들과 정치엘리트들은 국내 및 세계 무대에서 활동하면서, 시행상의 지속적인 차이에도 불구하고, 규제개념들을 수렴시키고 또 그 수렴을 촉진한다 (Halliday and Carruthers 2007). 소이살 (Yasemin Soysal)은 이와 비슷하게, 이주노동자 및 이민자의 시민권 문제를 둘러싸고, 세계 규범·조약 차원의 수렴과 규범실행과 정치적 타결에서 발생하는 내구적인 국가 차원의 차이가 결합하는 것을 보여준다 (Soysal 1994). 그리고 나서 "반복되는" 법 제정 과정의 단계마다, 세계 차원의 규범과 국가 차원의 타결들 사이에 존재하는 차이가 새로운 활동기회를 만들어낸다.

민주주의에 대한 도전으로서 초국가적 문제

주요 초국가적 관계와 흐름을 통제하는 사람들이 이타심을 가지고 있다고 가정할 이유가 없을 때, '세계정치체' — 또는 단순히 세계적인 도전에 대처하기 위한 보다 적절한 방법 — 를 건설하는 프로젝트는 훨씬 더 어려워진다. 마코프가 주장하는 바와 같이 (Markoff 2013: 24), "어떤 결정의 영향을 받는 사람들에 대해서 거의 책임을 지지 않는 초국가적인 의사결정 구조의 성장이 '일정 영토에 대해 자치권을 행사하는 국민'이라는 핵심 개념의 타당성에 대해서 의문을 제기할 것 같아 보인다." 최근 몇 년 동안 전 세계의 시위자들은, 다국적기업의 중역실이나 세계 정치·경제·엔터테인먼트 엘리트들의 배타적인 사교모임 등 어느 곳에서나, 자기들의 정부가 국민의 요구에 제대로 반응하지 않고, 또 주요 결정권자들이 이해하기 어려운 사람들이라는 두 가지 사실에 직면해왔다.

이렇게 세계화를 이끄는 강력한 문화적, 경제적, 기술적인 힘을 감안할 때, 이와 같이 민주정치가 침식되는 것은 피할 수 없는 일인가? 혹은, 마코프의 주장대로, 정치사의 초기 순간들을 특징지었던 정치질서 형태들과 관련하여 일종의 문화적 창조성에 관여하는 초국가적인 민주질서를 상상하는 것은 가능한 일인가? 마코프는 미국과 프랑스에서 최초의 근대 민주공화국을 창시한 사람들이 고대 민주주의모델들을 어떻게 선택적으로 사용했는지를 상기하면서, 정치질서의 특성과 메커니즘에 대한 기본 질문으로 돌아가라고 촉구한다. 누가 멤버인가? 어떤 권리를 가지고 있는가? 대표나 지도자는 어떻게 선출할 것인가? 정치적 평등과 경제적 불평등 사이의 긴장은 어떻게 관리할 것인가? 그는 이런 물음에 대해 명확한 답변을 하지 않고, 현재 익숙한 피드백 메커니즘인 사회운동 동원과 불만 표출을 지적함으로써 민주정치를 다시 생각하라고 주장한다.

민주주의가 본질적으로 역동적인 것 같아 보이는데, 그 이유는 포용과 배제의 경계를 포함한 실제 제도가 적절한 민주적 성격을 가지지 못한 데 대한 실망에서 활력을 얻은 사회운동을 양성하기 때문이며, 그것이 내세우는 다양한 주장들이 종종 모순되어, 아주 여러 가지로 다양한 운동들이 스스로 민주적이라고 주장할 수 있도록 허용하기 때문이고, 권력자들이 그들의 권력을 보장해주는 정치구성이, 불균등하고 억압적임에도 불구하고, '민주적'이라고 주장하는 데 도움을 주기 때문이며, 반민주적인 운동이 다른 대안적 민주주의 비전과 함께 양성되기 때문이다. (Markoff 2013: 19)

이것이 마지막으로 큰 문제 하나를 남긴다. 정치사회학의 도구로 무장하고서, 문제의 규모와 민주적 정치질서의 영역이 일치하지 않는 데서 생겨나는 그런 종류의 정치에 대해서 어떤 기대를 할 수 있을 것인가? 그렇게 많은 학자들이 주장해온 것처럼, 만약 정치질서의 성격이 많은 민족국가들과 관련된 민주적인 책임 메커니즘으로부터 점점 더 멀어지고 있다면, 어떤 "공동 정체성이, 동일한 정치권위에 함께 복속되었던 결과로서, 나타날 수 있다"고 상상할 수 있을까? 마코프는 틸리의 민주화에 대한 분석을 상기하면서, "효과적인 초국가적 권위주의질서를 건설하면 그것이 차후에 민주주의질서의 발전을 보다 더 가능하게 할지도 모른다고 추측해보는데, 그것은 대체로 국가들이 좀 더 민주적으로 바뀌기 전에 훨씬 더 강력해졌던 서유럽 국가들의 역사와 상당히 비슷하다" (Markoff 2013: 29).

세계화가 새로운 순환 패턴을 만들어낸다면, 그것은 앤더슨(Benedict Anderson)이 이베리아반도 밖의 제국영토에서 태어난 순수 스페인 혈통 크레올들의 축소된 '행정직 순례'에서 발견했던 것과 같은 종류의 영향을 미칠 수도 있을 것이다

(2장). 공통의 인생궤적을 갖고 벗어나기 힘든 새 네트워크에 편입되었던 경험은 우선적으로 해체적 영향을 미치면서 국가 정체성과 국가 기반의 결속을 느슨하게 만들 수도 있을 것이다. 그러나 아마도, 여기에는 비국가적인 차원을 따라 정치적 동원을 유지시킬 새로운 형태의 '사회적 봉쇄'와 연대를 개발하는 데 사용될 수 있는 사회적 자료들도 있을 것이다. 마코프의 결론처럼, "더 민주주의적인 국가가 어떤 것일지를 상상하면서, 아테네모델에 충실했던 근대 초기의 민주주의자들이 한 중요한 무대에서 그것을 완전히 거부했던 사실을 상기해보자. 그들은 완전히 새로운 정부제도를 강요했다. … 이제는 우리가 동일한 창의성을 가지고 국가 너머의 것을 볼 필요가 있다"(Markoff 2013: 31). 이런 가능성과 새로운 변화궤적은 현재의 선호도 분포나 기존 제도의 규칙성을 분석하는 것만으로는 이해할 수 없다. 정치사회학의 핵심적인 기여는 우리가 직면하고 있는 상황에서 발견될 수 있는 변화의 기회와 새로운 정치질서가 구축될 수 있는 자료 — 즉, 네트워크, 조직자원, 지역문화 그리고 가능한 동맹 — 로 우리의 관심을 유도한 것이다.

참고문헌

Abrams, Philip. 1988 [1977]. "Notes on the Difficulty of Studying the State," *Journal of Historical Sociology* 1 (1): 58–89.

Adams, Julia. 1994. "The Familial State: Elite Family Practices and State-Making in the Early Modern Netherlands," *Theory and Society* 23 (4): 505–39.

Adams, Julia. 1996. "Principals and Agents, Colonialists and Company Men: The Decay of Colonial Control in the Dutch East Indies," *American Sociological Review* 61 (1): 12–28.

Alexander, Michelle. 2010. *The New Jim Crow: Mass Incarceration in the Age of Colorblindness*. New York: New Press.

Almond, Gabriel Abraham, and Sidney Verba. 1965. *The Civic Culture: Political Attitudes and Democracy in Five Nations, An Analytic Study*. Boston, MA: Little, Brown.

Anderson, Benedict. 1991 [1983]. *Imagined Communities: Reflections on the Origin and Spread of Nationalism*. London: Verso.

Armstrong, Elizabeth. 2002. *Forging Gay Identities: Organizing Sexuality in San Francisco, 1950–1994*. Chicago, IL: University of Chicago Press.

Ash, Timothy Garton. 1990. "The Revolution of the Magic Lantern," *The New York Review of Books*, January 18.

Bachrach, Peter, and Morton S. Baratz. 1962. "Two Faces of Power," *American Political Science Review* 56 (4): 947–52.

Baker, Jean H. 1983. *Affairs of Party: The Political Culture of Northern Democrats in the Mid-Nineteenth Century*. Ithaca, NY: Cornell University Press.

Barkey, Karen. 2008. *Empire of Difference: The Ottomans in Comparative Perspective*. New York: Cambridge University Press.

Bartley, Tim. 2007. "Institutional Emergence in an Era of Globalization: The Rise of Transnational Private Regulation of Labor and Environmental Conditions," *American Journal of Sociology* 113 (2): 297–351.

Bendix, Reinhard. 1964. *Nation-Building and Citizenship*. Berkeley, CA: University of California Press.

Berelson, Bernard, Paul Lazarsfeld, and William McPhee. 1954. *Voting*. Chicago, IL: University of Chicago Press.

Berezin, Mabel. 2009. *Illiberal Politics in Neoliberal Times: Culture, Security and Populism in the New Europe*. New York: Cambridge University Press.

Berry, Jeffrey M. and Sarah Sobieraj. 2011. "Understanding the Rise of Talk Radio," *PS: Political Science & Politics* 44 (4): 762–7.

Blee, Kathleen. 1991. *Women of the Ku Klux Klan: Racism and Gender in the 1920s*. Berkeley, CA: University of California Press.

Bourdieu, Pierre. 1994. "Rethinking the State: Genesis and Structure of the Bureaucratic Field," *Sociological Theory* 12 (1): 1–18.

Breen, T.H. 2004. *The Marketplace of Revolution: How Consumer Politics Shaped American Independence*. New York: Oxford University Press.

Brewer, John. 1988. *The Sinews of Power: War, Money and the English State, 1688–1783*. Cambridge, MA: Harvard University Press.

Brinton, Crane. 1965. *The Anatomy of Revolution*. New York: Vintage Books.

Brooks, Clem. 2000. "Civil Rights Liberalism and the Suppression of a Republican Political Realignment in the United States, 1972 to 1996," *American Sociological Review* 65 (4): 483–505.

Brubaker, Rogers. 1996. *Nationalism Reframed: Nationhood and the National Question in the New Europe*. Cambridge: Cambridge University Press.

Burns, Nancy, Kay Lehman Schlozman, and Sidney Verba. 2001. *The Private Roots of Public Action: Gender, Equality, and Political Participation*. Cambridge, MA: Harvard University Press.

Calhoun, Craig. 1983. "The Radicalism of Tradition: Community Strength or Venerable Disguise and Borrowed Language?" *American Journal of Sociology* 88 (5): 886–914.

Campbell, Andrea Louise. 2003. *How Policies Make Citizens: Senior Political Activism and the American Welfare State*. Princeton, NJ: Princeton University Press.

Campbell, Angus, Philip E. Converse, Warren E. Miller, and Donald E. Stokes. 1960. *The American Voter*. New York: Wiley.

Chibber, Vivek. 2003. *Locked in Place: State-Building and Late Industrialization in India*. Princeton, NJ: Princeton University Press.

Clemens, Elisabeth S. 1993. "Organizational Repertoires and Institutional Change: Women's Groups and the Transformation of American Politics, 1890–1920," *American Journal of Sociology* 98 (4): 755–98.

Clemens, Elisabeth S. 1996. "Organizational Form as Frame: Collective Identity and Political Strategy in the American Labor Movement," in D. McAdam, J. McCarthy, and M. Zald (eds) *Comparative Perspectives on Social Movements: Opportunities, Mobilizing Structures, and Cultural Framings*. New York: Cambridge University Press, pp. 205–26.

Clemens, Elisabeth S. 1997. *The People's Lobby: Organizational Innovation and the Rise of Interest Group Politics in the United States, 1890–1925*. Chicago, IL: University of Chicago Press.

Clemens, Elisabeth. 2005. "Logics of History? Agency, Multiplicity, and Incoherence in the Explanation of Change," in Julia Adams, Elisabeth S. Clemens, and Ann Shola Orloff (eds) *Remaking Modernity: Politics, History, and Sociology*. Durham, NC: Duke University Press.

Clemens, Elisabeth, and James Cook. 1999. "Politics and Institutionalism: Explaining Durability and Change," *Annual Review of Sociology* 25: 441–66.

Cohen, Cathy. 1999. *The Boundaries of Blackness: AIDS and the Breakdown of Black Politics*. Chicago, IL: University of Chicago Press.

Collins, Randall. 1980. "Weber's Last Theory of Capitalism: A Systematization," *American Sociological Review* 45: 925–42.

Crozier, Michel. 1964. *The Bureaucratic Phenomenon*. Chicago, IL: University of Chicago Press.

Darwin, John. 2009. *The Empire Project: The Rise and Fall of the British World-System, 1830–1970*. New York: Cambridge University Press.

de Leon, Cedric, Manali Desai, and Cihan Tuğal. 2015. *Building Blocs: How Parties Organize Society*. Stanford, CA: Stanford University Press.

DeSilver, Drew. 2015. "US voter turnout trails most developed countries," Pew Research Center, Fact-tank, May 6.

de Tocqueville, Alexis. 2004. *Democracy in America*, trans. Arthur Goldhammer. New York: Library of America.

Diamond, Jared. 1997. *Guns, Germs, and Steel: The Fates of Human Societies*. New York: W.W. Norton.

Domhoff, G. William. 1967. *Who Rules America?* Englewood Cliffs, NJ: Prentice-Hall.

Domhoff, G. William. 1996. *State Autonomy or Class Dominance?: Case Studies on Policy Making in America.* New York: Aldine de Gruyter.

Downing, Brian M. 1992. *The Military Revolution and Political Change: Origins of Democracy and Autocracy in Early Modern Europe.* Chicago, IL: University of Chicago Press.

Downs, Anthony. 1957. *An Economic Theory of Democracy.* New York: Harper and Row.

Durkheim, Emile. 1964. *The Division of Labor in Society.* Glencoe, IL: The Free Press.

Edelman, Lauren B., Christopher Uggen, and Howard S. Erlanger. 1999. "The Endogeneity of Legal Regulation: Grievance Procedures as Rational Myth," *American Journal of Sociology* 105 (2): 406–54.

Elazar, Daniel J. 1975. "The American Cultural Matrix," in Daniel J. Elazar and Joseph Zikmund II (eds) *The Ecology of American Political Culture.* New York: Thomas Y. Crowell, pp. 13–42.

Eliasoph, Nina. 1997. "'Close to Home': The Work of Avoiding Politics," *Theory and Society* 26 (5): 605–47.

Eliasoph, Nina. 1998. *Avoiding Politics: How Americans Produce Apathy in Everyday Life.* New York: Cambridge University Press.

Eliasoph, Nina. 2011. *Making Volunteers: Civic Life After Welfare's End.* Princeton, NJ: Princeton University Press.

Ertman, Thomas. 1997. *Birth of the Leviathan: Building States and Regimes in Medieval and Early Modern Europe.* New York: Cambridge University Press.

Esping-Andersen, Gøsta. 1990. *The Three Worlds of Welfare Capitalism.* Princeton, NJ: Princeton University Press.

Evans, Peter. 1995. *Embedded Autonomy: States and Industrial Transformation.* Princeton, NJ: Princeton University Press.

Evans, Peter, and James E. Rauch. 1999. "Bureaucracy and Growth: A Cross-National Analysis of the Effects of 'Weberian' State Structures on Economic Growth," *American Sociological Review* 64 (5): 748–65.

Evans, Rhonda, and Tamara Kay. 2008. "How Environmentalists 'Greened' Trade Policy: Strategic Action and the Architecture of Field Overlap," *American Sociological Review* 73 (6): 970–91.

Fanon, Frantz. 2004 [1961]. *The Wretched of the Earth,* trans. Richard Philcox. New York: Grove Press.

Ferree, Myra Marx, William Anthony Gamson, Jürgen Gerhards, and Dieter Rucht. 2002. *Shaping Abortion Discourse: Democracy and the Public Sphere in Germany and the United States*. New York: Cambridge University Press.

Fiorina, Morris P., and Samuel J. Abrams. 2008. "Political Participation in the American Public," *Annual Review of Political Science* 11: 563–88.

Fisher, Dana R. 2006. *Activism Inc.: How the Outsourcing of Grassroots Campaigns Is Strangling Progressive Politics in America*. Palo Alto, CA: Stanford University Press.

Fligstein, Neil. 2008. *Euro-Clash: The EU, European Identity, and the Future of Europe*. New York: Oxford University Press.

Fortner, Michael J. 2015. *Black Silent Majority: The Rockefeller Drug Laws and the Politics of Punishment*. Cambridge, MA: Harvard University Press.

Foucault, Michel. 2010. *The Birth of Biopolitics: Lectures at the Collège de France, 1978–1979*. New York: Picador.

Fox, Cybelle. 2012. *Three Worlds of Relief: Race, Immigration, and the American Welfare State from the Progressive Era to the New Deal*. Princeton, NJ: Princeton University Press.

Frank, Thomas. 2004. *What's the Matter with Kansas? How Conservatives Won the Heart of America*. New York: Metropolitan Books.

Fraser, Nancy. 1990. "Struggle Over Needs: Outline of a Socialist-Feminist Critical Theory of Late-Capitalist Political Culture," in Linda Gordon (ed.) *Women, the State, and Welfare*. Madison, WI: University of Wisconsin Press.

Freeman, Jo. 1974. "The Tyranny of Structurelessness," *The Second Wave* 2 (1). Reprinted in Jane Jaquette (ed.) *Women in Politics*. New York: Wiley.

Ganz, Marshall. 2000. "Resources and Resourcefulness: Strategic Capacity in the Unionization of California Agriculture," *American Journal of Sociology* 105 (4): 1003–63.

Gaventa, John. 1980. *Power and Powerlessness: Quiescence and Rebellion in an Appalachian Valley*. Urbana, IL: University of Illinois Press.

Gilens, Martin. 2012. *Affluence and Influence: Economic Inequality and Political Power in America*. New York and Princeton, NJ: Russell Sage Foundation and Princeton University Press.

Gitlin, Todd. 1980. *The Whole World Is Watching: Mass Media in the Making and Unmaking of the New Left*. Berkeley, CA: University of California Press.

Go, Julian. 2007. "The Provinciality of American Empire: 'Liberal Exceptionalism' and US Colonial Rule, 1898–1912," *Comparative Studies in Society and History* 49 (1): 74–108.

Goldstone, Jack A. 2001. "Toward a Fourth Generation of Revolutionary Theory," *Annual Review of Political Science* 4: 139–87.

Goldstone, Jack A., and Bert Useem. 1999. "Prison Riots as Microrevolutions: An Extension of State-Centered Theories of Revolution," *American Journal of Sociology* 104 (1): 985–1029.

Goodwin, Jeff. 1997. "The Libidinal Constitution of a High-Risk Social Movement: Affectual Ties and Solidarity in the Huk Rebellion, 1946 to 1954," *American Sociological Review* 62 (1): 53–69.

Gorski, Philip S. 2003. *The Disciplinary Revolution: Calvinism and the Rise of the State in Early Modern Europe*. Chicago, IL: University of Chicago Press.

Gould, Deborah B. 2009. *Moving Politics: Emotion and ACT UP's Fight Against AIDS*. Chicago, IL: University of Chicago Press.

Gould, Roger V. 1995. *Insurgent Identities: Class, Community, and Protest in Paris from 1848 to the Commune*. Chicago, IL: University of Chicago Press.

Gramsci, Antonio. 1971. *Selections from the Prison Notebooks*. New York: International Publishers.

Habermas, Jürgen. 1994. *The Structural Transformation of the Public Sphere: An Inquiry into a Category of Bourgeois Society*. Cambridge, MA: MIT Press.

Hacker, Jacob S., and Paul Pierson. 2005. *Off Center: The Republican Revolution and the Erosion of American Democracy*. New Haven, CT: Yale University Press.

Hall, Peter A., and David Soskice (eds). 2001. *Varieties of Capitalism: The Institutional Foundations of Comparative Advantage*. New York: Oxford University Press.

Halliday, Terence C., and Bruce G. Carruthers. 2007. "The Recursivity of Law: Global Norm Making and National Lawmaking in the Globalization of Corporate Insolvency Regimes," *American Journal of Sociology* 112 (4): 1135–202.

Heaney, Michael T., and Fabio Rojas. 2015. *Party in the Street: The Antiwar Movement and the Democratic Party after 9/11*. New York: Cambridge University Press.

Hirschman, Albert O. 1970. *Exit, Voice, and Loyalty: Responses to Decline in Firms, Organizations and States*. Cambridge, MA: Harvard University Press.

Igo, Sarah. 2007. *The Averaged American: Surveys, Citizens, and the Making of a Mass Public*. Cambridge, MA: Harvard University Press.

Ikegami, Eiko. 1995. *The Taming of the Samurai: Honorific Individualism and the Making of Modern Japan*. Cambridge, MA: Harvard University Press.

Jung, Wooseok, Brayden G. King, and Sarah A. Soule. 2014. "Issue Bricolage: Explaining the Configuration of the Social Movement Sector, 1960–1995," *American Journal of Sociology* 120 (1): 1–39.

Keck, Margaret E., and Kathryn Sikkink. 1998. *Activists Beyond Borders: Advocacy Networks in International Politics*. Ithaca, NY: Cornell University Press.

Keyssar, Alexander. 2000. *The Right to Vote: The Contested History of Democracy in the United States*. New York: Basic Books.

Kiser, Edgar, and April Linton. 2002. "The Hinges of History: State-Making and Revolt in Early Modern France," *American Sociological Review* 67 (6): 889–910.

Krause, Monika. 2014. *The Good Project: Humanitarian Relief NGOs and the Fragmentation of Reason*. Chicago, IL: University of Chicago Press.

Kroneberg, Clemens, and Andreas Wimmer. 2012. "Struggling over the Boundaries of Belonging: A Formal Model of Nation Building, Ethnic Closure, and Populism," *American Journal of Sociology* 118 (1): 176–230.

Lachmann, Richard. 1990. "Class Formation without Class Struggle: An Elite Conflict Theory of the Transition to Capitalism," *American Sociological Review* 55 (3): 398–414.

Lachmann, Richard. 2011. "American Patrimonialism: The Return of the Repressed," *Annals of the American Academy of Political and Social Science* 636: 204–30.

Lazarsfeld, Paul, Bernard Berelson, and Hazel Gaudet. 1944. *The People's Choice: How the Voter Makes Up His Mind in a Presidential Campaign*. New York: Columbia University Press.

Lee, Caroline W. 2015. *Do-It-Yourself Democracy: The Rise of the Public Engagement Industry*. New York: Oxford University Press.

Lee, Cheol-Sung. 2012. "Associational Networks and Welfare States in Argentina, Brazil, South Korea, and Taiwan," *World Politics* 64 (3): 507–54.

Lee, Cheol-Sung, Young-Bum Kim, and Jae-Mahn Shim. 2011. "The Limit of Equality Projects: Public Sector Expansion, Sectoral Conflicts, and Income Inequality in Postindustrial Economies," *American Sociological Review* 76 (1): 100–24.

Levitsky, Sandra. 2014. *Caring for Our Own: Why There is No Political Demand for New American Social Welfare Rights*. New York: Oxford University Press.

Lieberman, Denise. 2012. "Barriers to the Ballot Box: New Restrictions Underscore the Need for Voting Laws Enforcement," *Human Rights* 39 (1): 2–14.

Lipset, Seymour Martin, and Stein Rokkan (eds). 1967. *Party Systems and Voter Alignments: Cross-National Perspectives.* New York: Free Press.

Lukes, Steven. 1974. *Power: A Radical View.* New York: Macmillan.

Mann, Michael. 1986. *The Sources of Social Power: A History of Power from the Beginning to A.D. 1760.* New York: Cambridge University Press.

Manza, Jeff, and Christopher Uggen. 2004. "Punishment and Democracy: The Disenfranchisement of Nonincarcerated Felons in the United States," *Perspectives on Politics* 2: 491–505.

Manza, Jeff, Michael Hout, and Clem Brooks. 1995. "Class Voting in Capitalist Democracies Since World War II: Dealignment, Realignment, or Trendless Fluctuation?" *Annual Review of Sociology* 21: 137–62.

Markoff, John. 1985. "The Social Geography of Rural Revolt at the Beginning of the French Revolution," *American Sociological Review* 50 (6): 761–81.

Markoff, John. 2013. "Democracy's Past Transformations, Present Challenges, and Future Prospects," *International Journal of Sociology* 43 (2): 13–40.

Martin, Isaac. 2008. *The Permanent Tax Revolt: How the Property Tax Transformed American Politics.* Stanford, CA: Stanford University Press.

Marwell, Nicole. 2007. *Bargaining for Brooklyn: Community Organizations in the Entrepreneurial City.* Chicago, IL: University of Chicago Press.

McAdam, Doug. 1982. *Political Process and the Development of Black Insurgency, 1930–1970.* Chicago, IL: University of Chicago Press.

McAdam, Doug. 1989. "The Biographical Consequences of Activism," *American Sociological Review* 54 (5): 744–60.

McAdam, Doug, and Hilary Boudet. 2012. *Putting Social Movements in their Place: Explaining Opposition to Energy Projects in the United States, 2000–2005.* New York: Cambridge University Press.

McAdam, Doug, John D. McCarthy, and Mayer N. Zald. 1996. *Comparative Perspectives on Social Movements: Political Opportunities, Mobilizing Structures, and Cultural Framings.* New York: Cambridge University Press.

McCall, Leslie. 2005. "The Complexity of Intersectionality," *Signs* 30 (3): 1771–800.

McCarthy, John D., and Mayer N. Zald. 1977. "Resource Mobilization and Social Movements: A Partial Theory," *American Journal of Sociology* 82 (6): 1212–41.

McElwee, Sean. 2014. "Why the Voting Gap Matters," available at: http://www.demos.org/sites/default/files/publications/Voters&NonVoters.pdf (accessed December 15, 2015).

McQuarrie, Michael. 2013. "Community Organizations in the Foreclosure Crisis: The Failure of Neoliberal Civil Society," *Politics and Society* 41 (1): 73–101.

McVeigh, Rory, Daniel J. Myers, and David Sikkink. 2004. "Corn, Klansmen, and Coolidge: Structure and Framing in Social Movements," *Social Forces* 83 (2): 653–90.

Mettler, Suzanne. 2005. *Soldiers to Citizens: The G.I. Bill and the Making of the Greatest Generation*. New York: Oxford University Press.

Mettler, Suzanne. 2011. "Our Hidden Government Benefits," *New York Times*, September 19.

Mettler, Suzanne, and Joe Soss. 2004. "The Consequences of Public Policy for Democratic Citizenship: Bridging Policy Studies and Mass Politics," *Perspectives on Politics* 2 (1): 55–73.

Meyer, John W., Francisco O. Ramirez, and Yasemin Nuhoğlu Soysal. 1992. "World Expansion of a Mass Education, 1870–1980," *Sociology of Education* 65 (2): 128–49.

Meyer, John W., John Boli, and George M. Thomas. 1997. "World Society and the Nation-State," *American Journal of Sociology* 103 (1): 144–81.

Mills, C. Wright. 1956. *The Power Elite*. New York: Oxford University Press.

Mills, C. Wright. 1959. *The Sociological Imagination*. New York: Oxford University Press.

Mitchell, Timothy. 1991. "The Limits of the State: Beyond Statist Approaches and Their Critics," *American Political Science Review* 85 (1): 77–96.

Molotch, Harvey. 1976. "The City as a Growth Machine: Toward a Political Economy of Place," *American Journal of Sociology* 82 (2): 309–32.

Moore, Barrington Jr. 1966. *Social Origins of Dictatorship and Democracy: Lord and Peasant in the Making of the Modern World*. Boston, MA: Beacon Press.

Mora, G. Cristina. 2014. "Cross-Field Effects and Ethnic Classification: The Institutionalization of Hispanic Panethnicity, 1965 to 1990," *American Sociological Review* 79 (2): 183–210.

Morris, Aldon D. 1993. "Birmingham Confrontation Reconsidered: An Analysis of the Dynamics and Tactics of Mobilization," *American Sociological Review* 58 (5): 621-36.

Munson, Ziad. 2008. *The Making of Pro-Life Activists: How Social Movement Mobilization Works*. Chicago, IL: University of Chicago Press.

Nettl, J.P. 1968. "The State as a Conceptual Variable," *World Politics* 20 (4): 559-92.

Neuman, W. Russell. 1986. *The Paradox of Mass Politics: Knowledge and Opinion in the American Electorate*. Cambridge, MA: Harvard University Press.

Ojeda, Christopher, and Peter K. Hatemi. 2015. "Accounting for the Child in the Transmission of Party Identification," *American Sociological Review* 80 (6): 1150-74.

Orloff, Ann Shola. 1993. "Gender and the Social Rights of Citizenship: The Comparative Analysis of Gender Relations and Welfare States," *American Sociological Review* 58 (3): 303-28.

Orloff, Ann Shola. 2009. "Gendering the Comparative Analysis of Welfare States: An Unfinished Agenda," *Sociological Theory* 27 (3): 317-43.

Orloff, Ann Shola. 2012. "Remaking Power and Politics," *Social Science History* 36 (1): 1-21.

Padgett, John F., and Christopher K. Ansell. 1993. "Robust Action and the Rise of the Medici, 1400-1434," *American Journal of Sociology* 98 (6): 1259-319.

Page, Benjamin I., Larry M. Bartels, and Jason Seawright. 2013. "Democracy and the Policy Preferences of Wealthy Americans," *Perspectives on Politics*, 11 (1): 51-73.

Pateman, Carole. 1988. "The Patriarchal Welfare State," in Amy Gutmann (ed.) *Democracy and the Welfare State*. Princeton, NJ: Princeton University Press.

Payne, Charles M. 1995. *I've Got the Light of Freedom: The Organizing Tradition and the Mississippi Freedom Struggle*. Berkeley, CA: University of California Press.

Pfaff, Steven, and Hyojoung Kim. 2003. "Exit-Voice Dynamics in Collective Action: An Analysis of Emigration and Protest in the East German Revolution," *American Journal of Sociology* 109 (2): 401-44.

Pierson, Paul. 1994. *Dismantling the Welfare State? Reagan, Thatcher, and the Politics of Retrenchment*. Cambridge, MA: Harvard University Press.

Piven, Frances Fox, and Richard A. Cloward. 1977. *Poor People's Movements: Why They Succeed, How They Fail*. New York: Pantheon.

Piven, Frances Fox, and Richard A. Cloward. 2000. *Why Americans Still Don't Vote and Why Politicians Want It That Way*. Boston, MA: Beacon Press.

Polletta, Francesca. 2002. *Freedom is an Endless Meeting: Democracy in American Social Movements*. Chicago, IL: University of Chicago Press.

Prior, Markus. 2013. "Media and Political Polarization," *Annual Review of Political Science* 16: 101–27.

Putnam, Robert D. 2000. *Bowling Alone: The Collapse and Revival of American Community*. New York: Simon and Schuster.

Riley, Dylan. 2005. "Civic Associations and Authoritarian Regimes in Interwar Europe: Italy and Spain in Comparative Perspective," *American Sociological Review* 70 (2): 288–310.

Rosenstone, Steven J., and John Mark Hansen. 1993. *Mobilization, Participation, and Democracy in America*. New York: Macmillan.

Rousseau, Jean-Jacques. 1959. *The Social Contract and Discourses*, trans. G.D.H. Cole. New York: E.P. Dutton.

Roxborough, Ian. 1988. "Modernization Theory Revisited: A Review Article," *Comparative Studies in Society and History* 30 (4): 753–61.

Ruggie, Mary. 1984. *The State and Working Women: A Comparative Study of Britain and Sweden*. Princeton, NJ: Princeton University Press.

Ryan, Joseph W. 2012. *Samuel Stouffer and the GI Survey: Sociologists and Soldiers during the Second World War*. Austin, TX: University of Texas Press.

Sartre, Jean-Paul. 2004 [1961]. Preface to Frantz Fanon, *The Wretched of the Earth*. New York: Grove Press.

Schama, Simon. 1988. *The Embarrassment of Riches: An Interpretation of Dutch Culture in the Golden Age*. Berkeley, CA: University of California Press.

Schattschneider, E.E. 1960. *The Semisovereign People: A Realist's View of Democracy in America*. New York: Holt, Rinehart and Winston.

Scott, James C. 1987. *Weapons of the Weak: Everyday Forms of Peasant Resistance*. New Haven, CT: Yale University Press.

Scott, James C. 1998. *Seeing Like a State: How Certain Schemes to Improve the Human Condition Have Failed*. New Haven, CT: Yale University Press.

Sewell, William H. Jr. 1992. "A Theory of Structure: Duality, Agency, and Transformation," *American Journal of Sociology* 98 (1): 1–29.

Sirianni, Carmen. 2014. "Bringing the State Back In through Collaborative Governance: Emergent Mission and Practice at the US Environmental Protection Agency," in Jennifer Girouard and Carmen Sirianni (eds) *Varieties of Civic Innovation: Deliberative, Collaborative, Network, and Narrative Approaches*. Louisville, TN: Vanderbilt University Press, pp. 203–38.

Skocpol, Theda. 1976. "France, Russia, China: A Structural Analysis of Social Revolutions," *Comparative Studies in Society and History*, 18 (2): 175–210.

Skocpol, Theda. 1979. *States and Social Revolutions: A Comparative Analysis of France, Russia, and China*. New York: Cambridge University Press.

Skocpol, Theda. 1980. "Political Response to Capitalist Crisis: Neo-Marxist Theories of the State and the Case of the New Deal," *Politics and Society* 10 (2): 155–201.

Skocpol, Theda. 1985. "Bringing the State Back In: Strategies of Analysis in Current Research," in Peter Evans, Dietrich Rueschemeyer, and Theda Skocpol (eds) *Bringing the State Back In*. New York: Cambridge University Press, pp. 3–37.

Skocpol, Theda. 1992. *Protecting Soldiers and Mothers: The Political Origins of Social Policy in the United States*. Cambridge, MA: Harvard University Press.

Skocpol, Theda, and Vanessa Williamson. 2012. *The Tea Party and the Remaking of Republican Conservatism*. New York: Oxford University Press.

Slater, Dan. 2009. "Revolutions, Crackdowns, and Quiescence: Communal Elites and Democratic Mobilization in Southeast Asia," *American Journal of Sociology* 115 (1): 203–54.

Smith, Rogers. 1993. "Beyond Tocqueville, Myrdal, and Hartz: The Multiple Traditions in America," *American Political Science Review* 87 (3): 549–66.

Snow, David A., R. Burke Rochford, Steven K. Worden, and Robert D. Benford. 1986. "Frame Alignment Processes, Micromobilization, and Movement Participation," *American Sociological Review* 41 (4): 464–81.

Sohrabi, Nader. 1995. "Historicizing Revolutions: Constitutional Revolutions in the Ottoman Empire, Iran, and Russia, 1905–1908," *American Journal of Sociology* 100 (6): 1383–447.

Somers, Margaret R. 1993. "Citizenship and the Place of the Public Sphere: Law, Community, and Political Culture in the Transition to Democracy," *American Sociological Review* 58 (5): 587–620.

Soysal, Yasemin Nuhoğlu. 1994. *Limits of Citizenship: Migrants and Postnational Membership in Europe*. Chicago, IL: University of Chicago Press.

Stamatov, Peter. 2010. "Activist Religion, Empire, and the Emergence of Modern Long-Distance Advocacy Networks," *American Sociological Review* 75 (4): 607–28.

Steinmetz, George. 2014. "The Sociology of Empires, Colonies, and Postcolonialism," *Annual Review of Sociology* 40: 77–103.

Strang, David. 1990. "From Dependency to Sovereignty: An Event History Analysis of Decolonization, 1870–1987," *American Sociological Review*, 55 (6): 846–60.

Strang, David. 1992. "The Inner Incompatibility of Empire and Nation: Popular Sovereignty and Decolonization," *Sociological Perspectives* 35 (2): 367–84.

Tilly, Charles. 1992. *Coercion, Capital, and European States, AD 990–1992*. New York: Blackwell.

Tilly, Charles. 1995. *Popular Contention in Great Britain, 1758–1834*. Cambridge, MA: Harvard University Press.

Tilly, Charles. 1998. *Durable Inequality*. Berkeley, CA: University of California Press.

Traugott, Mark. 1980. "Determinants of Political Orientation: Class and Organization in the Parisian Insurrection of June 1848," *American Journal of Sociology* 86 (1): 32–49.

Tucker, Robert C. (ed.). 1978. *The Marx-Engels Reader*, 2nd edn. New York: W.W. Norton.

Uggen, Christopher, and Jeff Manza. 2002. "Democratic Contraction? Political Consequences of Felon Disenfranchisement in the United States," *American Sociological Review* 67 (6): 777–803.

Verba, Sidney, Kay Lehman Schlozman, and Henry E. Brady. 1995. *Voice and Equality: Civic Voluntarism in American Politics*. Cambridge, MA: Harvard University Press.

Viterna, Jocelyn. 2013. *Women in War: The Micro-Processes of Mobilization in El Salvador*. New York: Oxford University Press.

Vonnegut, Kurt. 1988 [1968]. "Harrison Bergeron," in *Welcome to the Monkey House*. New York: Dell.

Walder, Andrew G. 2009. *Fractured Rebellion: The Beijing Red Guard Movement*. Cambridge, MA: Harvard University Press.

Watkins, Susan Cotts. 1991. *From Provinces to Nations: Demographic Integration in Western Europe 1870–1960*. Princeton, NJ: Princeton University Press.

Watkins, Susan Cotts, Ann Swidler, and Thomas Hannan. 2012. "Outsourcing Social Transformation: Development NGOs as Organizations," *Annual Review of Sociology* 38: 285–315.

Weaver, Vesla, and Amy E. Lerman. 2010. "Political Consequences of the Carceral State," *American Political Science Review* 104 (4): 817–33.

Weber, Max. 1978 [1918–20]. *Economy and Society*. Berkeley, CA: University of California Press.
Wittfogel, Karl August. 1957. *Oriental Despotism: A Comparative Study of Total Power*. New Haven, CT: Yale University Press.
Xu, Xiaohong. 2013. "Belonging Before Believing: Group Ethos and Bloc Recruitment in the Making of Chinese Communism," *American Sociological Review* 78 (5): 773–96.
Young, Michael P. 2006. *Bearing Witness against Sin: The Evangelical Birth of the American Social Movement*. Chicago, IL: University of Chicago Press.
Zhao, Dingxin. 2001. *The Power of Tiananmen: State-Society Relations and the 1989 Beijing Student Movement*. Chicago, IL: University of Chicago Press.
Zhao, Dingxin. 2009. "The Mandate of Heaven and Performance Legitimation in Historical and Contemporary China," *American Behavioral Scientist* 53 (3): 416–33.

찾아보기

ㄱ

가벤타(John Gaventa) 24-26, 28, 36, 55, 124-125, 140; 가벤타의 제2단계 권력 113, 117
간접통치네트워크 67
고르스키(Philip Gorski) 53
골디락스 원칙(Goldilocks principle) 137
공동 정체성 24, 45, 50, 94; 공공 정체성모델 106
공산주의 62, 77, 82
관료주의 72, 134
교차성(intersectionality) 21
교차횡단적(cross-cutting) 정체성 21
구조적 동등성(structural equivalence) 18
국가자율성 136-138, 140, 146
국가 정체성 40, 181, 211

굴드(Deborah Gould) 189
굴드(Roger Gould) 80
굿윈(Jeff Goodwin) 82
권력고고학(archaeology of power) 10
권력엘리트(power elite)모델 123, 133
권위주의 87, 89, 91
그람시(Antonio Gramsci) 55, 90
기계적 연대(mechanical solidarity) 12, 68
길렌스(Martin Gilens) 123-124
꽁뜨(Auguste Comte) 68, 70

ㄴ

나폴레옹 134
네오마르크스주의 133, 136
네틀(J. P. Nettl) 135
뉴 레프트(New Left) 167, 181-182

ㄷ

다원주의 132, 136
다윈(John Darwin) 57
독재체제 5, 87
돔호프(G. William Domhoff) 132
뒤르깽(Emile Durkheim) 12, 68, 70
드 레옹(Cedric de Leon) 152
드 메디치(Cosimo de Medici) 22

ㄹ

랭카스터 모델(Lancastrian model) 105
러시아혁명 76, 84-85
레비츠키(Sandra Levitsky) 126
레지스탕스 82
로치(James E. Rauch) 138
로크(John Locke) 13, 34
로하스(Fabio Rojas) 188
루소(Jean-Jacques Rousseau) 13-14, 16-17, 28, 34, 96
리(Caroline Lee) 109-110

ㅁ

마르크스(Karl Marx) 13, 23, 30, 68-70, 76, 81, 133; 마르크스 이론 24, 77
마오쩌둥(毛澤東) 89
마이어(John Meyer) 195-197
마코프(John Markoff) 83, 193, 208-210
만(Michael Mann) 16, 42, 79, 88, 183, 194, 203
매카시(John McCarthy) 166-168
맥베이(Rory McVeigh) 185
맥아담(Doug McAdam) 174-175, 190
맥쿼리(Michael McQuarrie) 158
먼슨(Ziad Munson) 170, 172, 185, 190
메틀러(Suzanne Mettler) 149
무솔리니(Benito Mussolini) 98
무어(Barrington Moore) 5, 69-71, 76-77, 83, 86, 100, 161
문화적 연대모델(cultural models of solidarity) 113
문화혁명 89
미국혁명 35, 115
미첼(Timothy Mitchell) 141
민족국가(nation-state) 4-7, 10, 39-41, 45, 50, 58, 61-62, 65, 67, 84, 117, 153, 161, 193-197, 204, 207, 210
민족주의 39, 47-48, 50-51, 59-60, 79, 135, 207
민주적 배제(democratic exclusion) 116
민주적 후견(democratic tutelage) 63-64
민주주의 5-6, 30, 68, 71, 73, 86, 90-91, 93, 98, 100, 104, 111, 116, 125, 132, 209; 민주주의 결핍(democratic deficit) 207;

민주주의혁명 115
밀스(C. Wright Mills) 3, 131-132

ㅂ

바키(Karen Barkey) 46, 59, 78
바틀리(Tim Bartley) 199-201
반(反)스웻숍운동(anti-sweatshop movement) 200
반전(反戰)운동 167, 175, 188-189
발첼(Digby Baltzell) 132
버바(Sidney Verba) 102
베레진(Mabel Berezin) 153
베버(Max Weber) 11-14, 18, 25, 36, 50, 55, 133-135, 137
벤딕스(Bendix) 72
봉건주의 45, 71
부르디외(Pierre Bourdieu) 22
부르주아 33, 51; 부르주아 국가 133; 부르주아의 길 71; 부르주아혁명 76
브래디(Henry Brady) 102
브룩스(Clem Brooks) 191
비테르나(Jocelyn Viterna) 82, 176-177, 190
빌리티스의 딸들(Daughters of Bilitis) 180

ㅅ

사르트르(Jean-Paul Sartre) 60, 63
사회계약 96, 152
사회네트워크 4, 19, 79-80, 83, 88, 93-95, 98, 112, 116, 131, 136, 139-140, 147, 168
사회민주주의 160
사회보장제도(Social Security) 144-145, 153-155, 159
사회적 네트워크 37, 48, 177
사회적 봉쇄(social closure) 4, 18-20, 23-24, 26-27, 30-31, 36, 45, 48, 60-61, 64, 69, 85, 96, 127, 180, 185, 187, 211
사회적 우리(social cage) 4, 7, 15-17, 24, 26-27, 30-32, 36, 42, 45, 53, 58, 85, 93, 96, 139, 165, 194
사회적 진화론(social Darwinism) 72
사회주의 77, 79
사회학적 상상력(sociological imagination) 3
사회학적 투표모델(sociological model of voting) 100, 146-147, 153
사회혁명 74, 76, 80, 84
산업프롤레타리아(노동계층) 77
성 기회주의(sex opportunism) 82
세계정치체(world polity) 197, 204, 206, 208
소이살(Yasemin Soysal) 208
솔리다리티(Solidarity) 92
쉘링(Thomas Schelling) 92
쉬샤오훙(徐曉紅, Xiaohong Xu) 85
쉴로즈만(Kay Lehman Schlozman)

102
스카치폴(Theda Skocpol) 77-79, 83-84, 134, 136, 139, 143
스콧(James C. Scott) 23, 141-142
스타마토프(Peter Stamatov) 202-203
스트랭(David Strang) 62
시민결사체(civic associations) 1, 34, 37, 85, 90-91, 109, 125, 131
시민사회 90
식민주의 59, 61

ㅇ

아담스(Julia Adams) 44
아렌트(Hannah Arendt) 33
아이티혁명 41
암스트롱(Elizabeth Armstrong) 180, 182-183, 191, 201
애쉬(Timothy Garton Ash) 94
앤더슨(Benedict Anderson) 48, 51, 210
앤셀(Christopher Ansell) 22
에반스(Peter Evans) 136-139, 147, 201
에반스(Rhonda Evans) 198
에스핑-안데르센(Gøsta Esping-Andersen) 160-161
엘라자르(Daniel Elazar) 197
엘리아소프(Nina Eliasoph) 35, 107, 125, 172
여성해방운동(Freeman) 169, 175
역사변화단계모델(stage models of historical change) 73
왓킨스(Susan Watkins) 206
월더(Andrew Walder) 89
유기적인 연대(organic solidarity) 68
이념적 네트워크 62
이익집단 113, 131; 이익집단모델 180
이케가미(池上英子, Eiko Ikegami) 54
인민주권 94
인종차별주의 185-186

ㅈ

자본주의 70-71, 101, 133
자오딩신(趙鼎新, Dingxin Zhao) 89
재산권 13
잭슨민주주의(Jacksonian democracy) 117
전제주의 75
전체주의 5, 71, 87-88, 90-91, 94, 99, 106, 112
절대주의 133
정당정체성 104-105
정책피드백모델 146-147, 163
정치네트워크 45
제국주의 5, 40-41, 50, 57-59, 62-65, 202-203
조직모델 109, 173, 178, 180
조합주의 160
졸드(Mayer Zald) 166, 168

중국혁명 76

ㅊ

참정권 26, 62, 104, 115, 117, 162
초국가적 정책옹호 네트워크들(networks of transnational advocacy) 202

ㅋ

칼빈주의(Calvinism) 53
칼훈(Craig Calhoun) 79-80, 91
캠벨(Andrea Campbell) 144-145, 154
케이(Tamara Kay) 198, 201
크로지에(Michel Crozier) 76, 163
클레멘스(Elisabeth Clemens) 112-113
클로워드(Richard Cloward) 120

ㅌ

탈물질주의 102
토크빌(Alexis de Tocqueville) 13, 34, 90-91, 97, 105-106, 173
트로고트(Mark Traugott) 81
티파티(Tea Party)운동 147, 150-151
틸리(Charles Tilly) 18, 20, 36, 57, 64, 79, 87, 169, 195, 197, 202, 210

ㅍ

파농(Frantz Fanon) 61, 166, 203
파시스트 90, 98, 139; 파시스트의 길 71; 파시즘 87, 90
파젯(John Padgett) 22
폭스(Cybelle Fox) 146
푸코(Michel Foucault) 52, 108, 140
프랑스혁명 35, 76, 80-81, 83-85, 134, 169
피븐(Frances Fox Piven) 120
피셔(Dana Fisher) 173

ㅎ

하버마스(Jürgen Habermas) 33-34, 50
행태주의 131
허쉬만(Albert O. Hirschman) 28
혁명사회학(sociology of revolution) 5-6, 86
혁명운동 78, 85
혁명정치사회학 66
홉스(Thomas Hobbes) 96
히니(Michael Heaney) 188
히틀러(Adolf Hitler) 98

역자 소개

박기덕 _ kiedpark7552@gmail.com

서울대학교 정치학 학사
라이스대학교 정치학 석사
시카고대학교 정치학 박사

세종연구소 소장 및 수석연구위원
서울대학교 행정대학원 초빙교수
「민주 주의포럼」(김대중-빌 클린턴 창설) 한국 측 운영위원장
Asian Politics and Policy(APP, 미국 워싱턴 소재) 편집위원
「한국통일문 제연구협의회」 공동의장 역임

주요 논저
Human Rights in North Korea: Toward a Comprehensive Understanding. (공편, The Sejong Institute)
『한국 민주주의의 이론과 실제: 민주화·공고화·안정화』(한울)

『동아시아의 민주주의와 경제발전』(편저, 세종연구소).
『민주주의와 정치제도: 체제수행능력을 중심으로』(편저, 세종연구소).
『남북한 체제비교와 통합모델의 모색』(공편저, 세종연구소).
『북핵문제와 한반도 평화체제』(공편, 세종연구소).
『한국 민주주의 10년: 변화와 지속』(편저, 세종연구소).
『한국의 국가전략 2020: 정치·사회』(공편, 세종연구소) 외 다수

지식과 문화 시리즈

세계질서의 미래
- Amitav Acharya 지음 | 마상윤 옮김
- ISBN: 978-89-92803-92-2 | 가격: 9,800원

1. 복합적 세계
2. 단극순간의 등장과 쇠퇴
3. 자유주의적 패권의 신화
4. 신흥국들: 나머지의 부상?
5. 지역적 세계들
6. 부딪히는 세계들

자본주의
- David Coates 지음 | 심양섭 옮김
- ISBN: 978-89-92803-98-4 | 가격: 13,000원

1. 자본주의란 무엇인가?
2. 위로부터의 자본주의
3. 아래로부터의 자본주의
4. 자본주의 논쟁
5. 자본주의와 그 결과
6. 자본주의와 그 미래

신자유주의
- Damien Cahill & Martijn Konings 지음 | 최영미 옮김
- ISBN: 979-11-6193-012-1 | 가격: 12,000원

1. 신자유주의의 역사적 관점
2. 신자유주의 금융
3. 노동과 복지
4. 기업 권력
5. 권력, 불평등, 그리고 민주주의
6. 위기와 복원

명인문화사 정치학 관련 서적

정치학 분야

정치학의 이해
Roskin 외 지음 / 김계동 옮김

정치학개론, 제15판
Shively 지음 / 김계동, 민병오, 윤진표, 이유진, 최동주 옮김

비교정부와 정치, 제10판
Hague, Harrop, McCormick 지음 / 김계동, 김 욱, 민병오, 윤진표, 이유진 옮김

정치학방법론
Burnham 외 지음 / 김계동 외 옮김

정치이론   Heywood 지음 / 권만학 옮김

정치 이데올로기: 이론과 실제
Baradat & phillips 지음 / 권만학 옮김

민주주의국가이론
Dryzek, Dunleavy 지음 / 김 욱 옮김

신자유주의   Clemens 지음 / 최영미 옮김

한국사회논쟁: 민주사회 발전을 위한 찬성과 반대논리   김계동, 박선영 편

문화로 읽는 세계
Gannon, Pillai 지음 / 남경희, 변하나 옮김

거버넌스의 정치학: 한국정치의 새로운 패러다임 모색   김의영 지음

한국현대사의 재조명   한국전쟁학회 편

성공하는 리더십의 조건
Keohane 지음 / 심양섭, 이면우 옮김

여성, 권력과 정치
Stevens 지음 / 김영신 옮김

국제관계 분야

국제관계와 세계정치
Heywood 지음 / 김계동 옮김

국제정치경제
Balaam, Dillman 지음 / 민병오 외 옮김

국제기구의 이해: 글로벌 거버넌스의 정치와 과정, 제3판
Karns, Mingst, Stiles 지음 / 김계동 외 옮김

현대외교정책론, 제3판
김계동, 김태효, 유진석 외 지음

외교: 원리와 실제
Berridge 지음 / 심양섭 옮김

세계화의 논쟁: 국제관계 접근에서의 찬성과 반대논리, 제2판
Haas, Hird 엮음 / 이상현 옮김

세계화와 글로벌 이슈
Snarr 외 지음 / 김계동 외 옮김

현대 한미관계의 이해   김계동, 김준형, 박태균, 서정건, 석재왕, 신욱희, 이상현, 전봉근, 차두현, 차창훈, 채 욱, 최 강, 최진욱 지음

글로벌 환경정치와 정책
Chasek, Downie, Brown 지음 / 이유진 옮김

핵무기의 정치   Futter 지음 / 고봉준 옮김

비정부기구(NGO)의 이해
Lewis, Kanji 지음 / 최은봉 옮김

한국의 중견국 외교
손열, 김상배, 이승주 외 지음

자본주의   Coates 지음 / 심양섭 옮김

지역정치 분야

동아시아 국제관계
McDougall 지음 / 박기덕 옮김

동북아 정치: 변화와 지속
Lim 지음 / 김계동 옮김

일본정치론
이가라시 아키오 지음 / 김두승 옮김

현대 중국의 이해
Brown 지음 / 김흥규 옮김

현대 미국의 이해
Duncan, Goddard 지음 / 민병오 옮김

현대 러시아의 이해
Bacan 지음 / 김진영 외 옮김

현대 일본의 이해
McCargo 지음 / 이승주, 한의석 옮김

현대 유럽의 이해
Outhwaite 지음 / 김계동 옮김

현대 동남아의 이해   윤진표 지음

현대동아시아의 이해
Kaup 편 / 민병오, 김영신, 이상율, 차재권 옮김

미국정치와 정부
Bowles, McMahon 지음 / 김욱 옮김

미국외교정책: 강대국의 패러독스
Hook 지음 / 이상현 옮김

세계질서의 미래
Acharya 지음 / 마상윤 옮김

알자지라 효과   Seib 지음 / 서정민 옮김

일대일로의 국제정치   이승주 편

북한, 남북한관계 분야

북한의 외교정책과 대외관계: 협상과 도전의 전략적 선택   김계동 지음

북한의 체제와 정책: 김정은시대의 변화와 지속   체제통합연구회 편

북한의 통치체제: 지배구조와 사회통제
안희창 지음

남북한 체제통합론: 이론·역사·경험·정책   김계동 지음

한국전쟁, 불가피한 선택이었나
김계동 지음

한반도 분단, 누구의 책임인가?
김계동 지음

한류, 통일의 바람   강동완, 박정란 지음

안보, 정보 분야

전쟁과 평화
Barash, Webel 지음 / 송승종, 유재현 옮김

국제안보: 쟁점과 해결
Morgan 지음 / 민병오 옮김

전쟁: 목적과 수단
Codevilla 외 지음 / 김양명 옮김

국가정보: 비밀에서 정책까지
Lowenthal 지음 / 김계동 옮김

국가정보의 이해: 소리없는 전쟁
Shulsky, Schmitt 지음 / 신유섭 옮김

테러리즘: 개념과 쟁점
Martin 지음 / 김계동 외 옮김